丛书主编

王大明　　刘兵　　李斌

编委会成员
（按姓氏音序排列）

陈印政　　柯遵科　　李　斌
李思琪　　刘　兵　　刘思扬
曲德腾　　施光玮　　孙丽伟
万兆元　　王　静　　王大明
吴培熠　　杨　枭　　杨可鑫
云　霞　　张桂枝　　张前进

探知进化揭奥秘

达尔文的后继者

陈印政 编

中原出版传媒集团
中原传媒股份公司

大象出版社
·郑州·

图书在版编目（CIP）数据

探知进化揭奥秘：达尔文的后继者/陈印政编.—郑州：大象出版社，2022.7
（中外科学家传记丛书/王大明，刘兵，李斌主编）
ISBN 978-7-5711-1476-3

Ⅰ.①探… Ⅱ.①陈… Ⅲ.①生物学家-列传-世界 Ⅳ.①K816.15

中国版本图书馆CIP数据核字（2022）第097111号

中外科学家传记丛书

探知进化揭奥秘　达尔文的后继者
TANZHI JINHUA JIE AOMI　DAERWEN DE HOUJIZHE

陈印政　编

出版人	汪林中
项目策划	李光洁
项目统筹	成　艳　陶　慧
责任编辑	梁金蓝
责任校对	牛志远
装帧设计	王莉娟

出版发行　大象出版社（郑州市郑东新区祥盛街27号　邮政编码450016）
　　　　　发行科　0371-63863551　总编室　0371-65597936
网　　址　www.daxiang.cn
印　　刷　河南瑞之光印刷股份有限公司
经　　销　各地新华书店经销
开　　本　890 mm×1240 mm　1/32
印　　张　6.25
字　　数　134千字
版　　次　2022年7月第1版　2022年7月第1次印刷
定　　价　23.00元

若发现印、装质量问题，影响阅读，请与承印厂联系调换。
印厂地址　武陟县产业集聚区东区（詹店镇）泰安路与昌平路交叉口
邮政编码　454950　　　　　　电话　0371-63956290

总　序

马克思和恩格斯合写于 19 世纪 40 年代的《共产党宣言》中，曾有这样一段生动的描述："自然力的征服，机器的采用，化学在工业和农业中的应用，轮船的行驶，铁路的通行，电报的使用，整个整个大陆的开垦，河川的通航，仿佛用法术从地下呼唤出来的大量人口——过去哪一个世纪料想到在社会劳动里蕴藏有这样的生产力呢？"马克思和恩格斯说的那一切，还不过是 19 世纪的景况。到了 21 世纪的今天，随着核能、电子、生物、信息、人工智能等各种前人闻所未闻的科学技术的飞速发展，人类社会面貌进一步发生了翻天覆地的甚至马克思那个年代都无法想象的巨变。造成所有这一切改变的最根本原因，毫无疑问，就是科学技术。而几百年来，推动科学技术发展的直接力量，就是一大批科学家和技术专家。

中国是这几百年来世界科学技术革命和现代化的后知后觉者，从 16 世纪末期最初接触近代自然科学又浅尝辄止，到 19 世纪中期晚清时代坚船利炮威胁下的西学东渐，再到 20 世纪初期对"德先生"和"赛先生"的热切呼唤，经过几百年的尝试，特别是近几十年的努力，已逐渐赶上世界发展的潮流，甚至最近还有后来者居上的势头。例如，中国目前不但在经济总量上居于世界第二的地位，而且在科学研究的多个前沿领域也已经名列国际前茅；有些方面，比如科学论文的数量，仅次于美国而居世界第二；最可贵的是，中国已经形成了一支人数众多、质量上乘的科研队伍。

利用科学技术来推动社会经济的发展，中国已经尝到了巨大甜头，科学技术是第一生产力的观点深入人心。从政府到民间，大家普遍关心如何进一步落实科教兴国战略、推动创新促进发展，使中国在科技创新方面更具竞争优势，培养和造就出更多的科技创新人才，使中国在现代化道路上能走得更长远、更健康。

为实现上述目标，一方面需要提高专业科学研究队伍的水平，发扬理性思考、刻苦钻研、求真求实、勇于创新的科学精神；另一方面也需要增强和培育整个社会的公众科学素养，造就学科学、爱科学，支持创新、尊重人才的文化氛围。这套"中外科学家传记丛书"的编辑和出版，就是出于这样的考虑。

通过阅读和学习科学家传记，一是可以更深刻地理解科学家们特别是那些在重大历史转折关头做出了伟大贡献的科学家的科学思想和创新方法，二是可以更鲜活地了解到科学家们的科学精神和品格作风，三是可以从科学家们的各种成长经历中得到启发。

本丛书所收录的 200 多位中外著名科学家（个别其他学者）的传记，全部都来自中国科学院 1979 年创刊的《自然辩证法通讯》杂志。该杂志从创刊伊始就设立了一个科学家人物评传的固定栏目，迄今已逾四十年，先后刊登了 200 多篇古今中外科学家的传记，其中包括文艺复兴时期的欧洲科学家、远渡重洋将最初的西方近代科学知识带到中国的欧洲传教士，当然大部分都是现代科学家，例如数学领域的希尔伯特、哈代、陈省身、吴文俊等，物理学领域的玻尔、普朗克、薛定谔、海森伯、钱三强、束星北、王淦昌等，以及天文学、地学、生物学、计算机科学和若干工程领域的科学家。值得指出的是，这些传记文章的作者，大都是在相关领域学有专长的专家学者。例如：写过多篇数学家传记的胡作玄先生，是中国科学院原系统科学研究所的研究员；写过多篇物理学家传记的戈革先生，是中国石油大学的物理学教授；此外还有北京大学、清华大学、上海交通大学、中国科技大学等多所国内著名大学的教授，以及中国科学院、中国医学科学院和中国科技协会等研究机构的专家。所以，这些传记文章从专业和普及两个角度看，其数量之多、涉及领域之广、内容质量之上乘、可读性之强，在国内的中外科学家群体传记中都可以说是无出其右者。

考虑到读者对象的广泛性，本丛书对原刊物传记文章进行了重新整理编辑，主要集中在如下几个方面：一是在总体设计上，丛书共分 30 册，每册收录 8 个人物传记；二是基本按照学科领域来划分各个分册；三是每分册中的人物大致参考历史顺序或学术地位来编排；四是为照顾阅读的连续性，将原刊物文章中的所有参考资料一律转移到每分册的最后，并增加人名对照表。

当前，中国正处在从制造大国向创造大国转变、急需更多科技创新和科技人才的重要历史时刻，希望本丛书的出版对于实现这个伟大目标有所裨益，也希望对广大青少年和其他读者的学习生活有所帮助。

目 录

001
哈维　血液循环学说创立人

021
格雷　有神进化论者

041
孟德尔　现代遗传学的奠基人

069
华莱士　达尔文的"骑士"

093
科赫　结核杆菌的发现者

113
迈尔　达尔文的使徒

133
英格拉姆　分子医学之父

157
特里弗斯　桀骜不驯的卓越进化理论家

180
参考资料

183
人名对照表

哈维

血液循环学说创立人

威廉·哈维

(William Harvey, 1578—1657)

文艺复兴运动所复活的自由探索精神，由一批实验科学家转变成为近代科学的最初成果。只有经历这一深刻的转变，才能真正结束人类历史上黑暗和愚昧的时代，产生今天这样高度发达的精神和物质文明。

伦敦东北郊有一所绿荫环抱的小教堂。威廉·哈维的坟墓就在里面。令人奇怪的是，在哈维去世 200 年后，教堂周围的居民只知道他是个伟人，却说不出他是干什么的。确实，哈维既没有伽利略、牛顿那样出类拔萃的才华，也没有布鲁诺那样以一死殉真理的经历，他甚至没有公开反对过宗教。然而，他确立的血液循环学说同哥白尼的日心说一样，给宗教以沉重的打击。在探索科学真理的道路上，哈维只不过是一个不倦的步行者。他不是借助灵感和偶然的发现，而是靠几十年扎扎实实的工作，奠定了生理科学的基石。哈维的道路向世界宣告了一种新的精神：仅仅只有"破"、批判是不够的，重要的是"立"，是创造；而"立"是更艰巨的创造性的工作。正因为曾经出现过哈维这样一大批在不同领域中探索前进的步行者，人类才走进了近代科学文明的新时代。

一、科学的目的是在万物中寻找神吗？

1600年2月底的一天，天气阴得可怕。中午，一个爆炸性新闻在威尼斯共和国的帕多瓦大学传开了：前几天，布鲁诺竟被宗教法庭判处极刑，烧死在罗马百花广场。年轻的大学生们议论纷纷。不少学生涌到"当代的阿基米德"——伽利略教授的屋里，倾吐不平。傍晚，在简陋的学生食堂中，新教徒和旧教徒争吵不休，打起群架，甚至还有人拔剑格斗。同学们的情绪十分激动。那个平素爱恶作剧、好热闹的英国学生——22岁的威廉·哈维，却一反常态，不置一词。他匆匆吃完了自己那一份粗糙的晚饭，离开了学校。

夜黑沉沉的。哈维在亚得里亚海滨走着，沉思着。因个子瘦小，他获得了"小哈维"的绰号。然而他很结实，生有宽厚的双肩。现在，他那黑得近乎橄榄色的脸颊紧绷着，一双小而圆的眼睛注视着黑暗中的大海，没有发觉涨潮的海浪早已浸湿了他的鞋子。一天来，一个令人不安的问题始终压迫着他的心。他甚至想喊出来："呵！什么是真理？！"哈维早就熟读布鲁诺的著作，并喜欢布鲁诺的锋利的思想和勇敢的热情。而今，布鲁诺和他的著作都已化为灰烬了……布鲁诺的殉难使哈维意识到自己在走一条同样危险的路。哈维在走着，想着。

布鲁诺信仰并宣传日心说，触犯了地球是宇宙中心的教义。哈维研究的是人体小宇宙，他怀疑的是基督教教义中的盖伦学说。

盖伦本来是古罗马时代的一位名医。据说，他父亲曾梦见神告诉他说，他的儿子长大后应贡献给医学。果然，盖伦成为医学界的王太子。在古代，盖伦达到的成就是惊人的。他的解剖观察细致而又精巧，他的理论体系和谐而又完整。他高超的医术则传为历史佳话。哈维怀疑的是盖伦关于心脏血液运动的见解。盖伦认为，肝脏产生"自然之气"，肺产生"生命之气"，脑产生"智慧之气"。这三种灵气混入血液里，在血管内像潮汐涨落那样来回做直线运动，供养各器官，造成奇妙的有智慧的生命现象。盖伦的心血潮流运动说，使后人叹为观止，虔诚信奉。不幸的是，基督教使盖伦学说僵化了。基督教认为，世界是"一分为三"的。上帝即是"圣父、圣子、圣灵三位一体"。人可以分为僧侣、贵族、平民。自然界亦可分为动物、植物、矿物。而其中每一种又可以继续一分为三。如动物可分为鱼、兽、鸟。盖伦用三种灵气来解释生命现象，正好符合宗教的需要。基督教对盖伦学说采取拿来主义，并抽去其自由探索的精神，贴上神学的标签。这样，盖伦的自然科学家的形象就逐渐消失了，他的学说同托勒密的地心说一样，成为基督教解释自然和生命现象的理论基础。到哈维的时代，哥白尼的日心说已经引起一场思想革命，而统治医学1000余年的盖伦学说依然牢固地屹立着，并没有因为文艺复兴以来进步学者对它的批判而动摇。

哈维曾经深深迷醉于盖伦学说的美妙和博大。那些看来是包罗万象、无所不能的庞大体系往往成为热爱真理但尚未成熟的青年的崇拜对象。但是，哈维越是深入学习和观察，就越来越多地发现盖伦学说漏洞百出。怀疑自己崇拜过的事物是非常痛苦的一件事。

哈维在黑夜中痛苦地思索着。黑夜尽管漫长，但也有光明。哈维突然发现，不知什么时候升起了一轮皎洁的明月。哈维毫无倦意，不知疲劳地漫步着。他想使人拜服的医学王太子呵，难道你不能减轻热爱真理的青年的痛苦，使他在你的错误中发现一点真理吗？

清晨，哈维赶回学校。这时，早祷的钟声响了。那威严庄重的钟声似乎在警告哈维："可怜的孩子，不要相信魔鬼的诱惑。科学的目的就是在万物中发现神的存在。"哈维抬起头来，看见自己亲爱的学校的那幢米黄色的主楼，那显得有点狭窄的校门上，精雕细镂的带翼石狮子依稀可辨。光明的亲切感涌上哈维的心头。

正是为了追求真理，哈维在先后读完坎特布里中学和剑桥的凯斯学院后，离别了故乡和亲人，投奔帕多瓦大学。当时，宗教一再宣称"上帝厌恶流血"。著名的牛津大学和巴黎大学连人体解剖也不敢做。这使哈维深感失望。而帕多瓦大学却是黑暗中的一盏明灯。它为伽利略这样受排挤的进步学者提供自由的讲坛，为哈维这样热爱科学的青年创造自由探索各种问题的学习环境。伟大的哥白尼也曾在帕多瓦大学学过3年医学。帕多瓦大学造就出一代伟人绝不是偶然的。早在1222年，保守、腐朽的教会学校波罗纳书院中逃出来3个人。他们厌恶枯燥沉闷的神学教条，向往自由讨论。逃到威尼斯以西的帕多瓦后，他们在简陋的旅馆中开办了自己的书院。后来，它发展成这座著名的学生大学。它是由学生组成评议会管理学校、聘请老师的。学校对学生的宗教信仰采取不干涉的方针。尽管帕多瓦大学的物质条件菲薄，但是它那自由、宽厚、进取的精神，召唤着欧洲最聪颖的心灵、最能干的青年。

哈维加快了脚步，走进校门。

哈维是这么年轻，他从来没有梦想过自己会成为哥白尼那样创立新学说的思想巨人。他只是渴望在黑暗中寻找生命科学的太阳。他结实而又年轻的身体内，热血在沸腾着。对真理痛苦而又执着的追求使哈维产生一种强烈的渴望，这就是创造！

二、寻找新的路

在那连绵不断的白垩陡岸后面，故乡福克斯通市渐渐临近了。哈维站在甲板上。眼前浑浊的海水浸染在单调的时深时浅的灰色之中，使人感到压抑。他把手伸进紫褐色的紧身上衣口袋里，摸着柔软的羊皮纸的医学博士文凭。那上面写着："持此证书者，可以在任何国家、任何地方行医、讲课、任教、组织答辩、开药方……"他想：有了它，可以告慰年迈的爸爸和病弱的妈妈了。但是，为了它，同学们是怎样嘲笑过哈维呵。这一切，已无法解释清楚了。

1602年，著名的解剖学家法布里斯主持了哈维的毕业答辩。在圆形的讲演厅中，法布里斯威严地坐在讲台上，他的前面点了一排蜡烛。

"请谈谈，'生命之气'是怎样流到全身去的？"

哈维避开老师的目光，用流利的拉丁语答道："肝脏把食物变成血液后，一部分由静脉送出去，被各器官吸收；另一部分送到右心室，通过心膈间小孔渗入左心室，在那里和来自肺的带有生命之气的血液混合，再由动脉输送到全身……"

哈维摆出一副忠于盖伦经典的好学生的面孔，一字不差地背诵着，甚至他通过解剖观察明明知道心膈间并无小孔，他依然按照盖伦的说法背诵。考试顺利地通过了。

宿舍寒冷阴暗。小窗户上蒙着粗亚麻布。哈维在床边埋头解剖一条活鱼。他常常从市场上买各种活的小动物回来解剖。"小哈维，你仔细看看吧，心膈上有没有小孔？"一个同学趁机挖苦哈维。另一个法国同学凑过来说："我们的小博士恐怕有记忆障碍。前天我还听他说过塞尔维特的肺小循环有道理呢！"照哈维的脾气，他会神经质地跳起来吵架。但是现在哈维咬紧了牙，像没有听见似的继续解剖。他的心里却热辣辣的，再也不能平静下来。

海风吹拂着哈维的头发。他把手放在栏杆上。是的，盖伦错了，错了。文艺复兴以来，有多少人批判过盖伦呵！最早对盖伦学说提出异议的是天才的艺术大师达·芬奇。他一生解剖过 70 余具尸体，发现心脏有 4 个腔，而不像盖伦说的只有两个。还有两个著名的批判者。一个是半个多世纪前在帕多瓦创立解剖生理学派的比利时医生安德烈·维萨里。当他还在保守的巴黎大学读书时，为了做人体解剖实验，常常深夜溜出学校，去偷挂在绞架上的犯人的尸体。他的老师西尔雅是盖伦学说的忠实信徒，维萨里就据实物指出盖伦的错误。老师无言以对，大骂维萨里是卑贱的疯子。西尔雅声称伟大的盖伦绝不会犯错误，凡是解剖观察与盖伦著作不符之处，只能用人体在上一世纪里发生了变化来解释！1543 年，哥白尼发表日心说的同时，29 岁的维萨里出版了解剖学巨著《人体结构》。这本书大胆地纠正了盖伦著作中 200 多处错误。维萨里立即遭到整个社会的攻击。甚至有人造谣说他解剖活人。最后，维萨里被迫去耶路撒冷忏悔旅行，归途，船只遇难，横死荒岛。另一个批判者塞尔维特是西班牙学者。他是维萨里的同学，生性好辩、锋芒逼人。塞尔维特在《基督教的复兴》一书中，用 6 页篇幅批判了盖伦的心血潮流说，提出血液由右心室流到左心室不是经过心膈上的孔，而是经过肺作"漫长而奇妙的迂回"。结果，他被教会判处火刑，烧死前还把他活活烤了两个钟头。所有医科大学仍然严格按照盖伦学说讲授。学生也只有精通了盖伦学说，才能拿到医学博士文凭。这就是必须正视的现实。

为什么无数解剖事实证明了盖伦的错误，盖伦学说依然处于正统地位呢？这真是一个十分严肃的问题。哈维想：盖伦错了，百余年来，多少人都指出过这一点。但是，什么是对的呢？心脏为什么会跳动？一切就这么简单吗？盖伦学说的大厦为什么推不倒？难道先驱者的鲜血不能提供有益的教训吗？如果我们不能告诉人们什么是对的，什么是真理，只是一味地指出盖伦的错误，那么我们能有立足之地吗？不，我要走一条新路。

哈维回到故乡，又来到大伦敦。在亲友们看来，小哈维还是那么年轻。然而，他已经不再是一只向往科学真理的热情的小鸟，而是一只展翅欲飞的雄鹰。他坚信，只有通过实验才能实现他对科学真理的追求。而实验需要他付出一辈子的精力和创造性劳动。

1604 年，哈维成为皇家外科协会的会员。1605 年，他娶了名医布牢温的女儿，有了一个温柔贤慧的妻子。1607 年，他在著名的圣巴托罗缪医院当了医师。

哈维的住宅离医院不远，在著名的史密斯广场附近。"血腥的玛丽"统治时期，曾有 40 个新教徒被烧死在那里。每天上午，哈维匆匆穿过又窄又弯的街道去医院。下午，他在家里的私人诊所接待病人。晚上，他有时和妻子一起去看戏。那些年代，大戏剧家莎士比亚正活跃于伦敦的舞台上。哈维的生活真是舒适极了。他有喝上等咖啡的嗜好，这在当时也显得有点奢侈。哈维的6个弟弟都是商人，其中一个在中东贩卖香料和饮料的弟弟每年供给他咖啡。哈维把很大一部分收入用于科学实验，家里有一间他称为"博物馆"的大房子。大书架上排放着瓶子、罐子和木桶，里面养着鱼、青蛙、鳗鱼、蝾螈。大小不一的笼子挂在天花板上，养着各种鸟。另一间大得有点出奇的屋子里放有兔笼和狗窝，还有一张工作台。台上整齐地放着带刻度的容器、哈维自制的解剖工具，还有一个用猪尿泡做的注射器。哈维一有空闲就要钻到里面，常常通宵不眠。他每天都要在羊皮纸上认真记录他的观察。这是他最大的乐趣。

　　哈维比他的先驱者看得更远。他决心建造一座新的大厦。他深知，新学说的大厦不建立起来，那么旧学说、旧体系即使再陈旧腐朽也不会倒塌。思想的垦荒者如果只去清除愚昧的野草，而没有在这块空地上不失时机地播下真理的种子，那么，要不了多久，这块浸满先驱者血汗的空地就会重新长满宗教迷信的荆棘。哈维决心做一个播种者。而培育科学种子的工作来不得半点儿马虎。他要走的路还很漫长。哈维已经用解剖刀割取过智慧之树上的禁果，深深为探索真理时那种严肃认真、充满希望的内心感受所激动，新思想在召唤着他，无论如何，他都要走下去，奋斗一辈子……

三、"地上也有天上的运动"

夜深了。蜡烛在桌子上闪着光,照亮了写在羊皮纸上的一大堆数学符号。哈维在空空的大屋子里走着,一只手来回抚摸悬挂腰间的长剑的剑柄。哈维在帕多瓦就养成了佩剑的习惯。几天来,他几乎是在狂热地计算着。

经过测量,哈维发现,如果盖伦的心血潮汐运动说是对的,血液排出后就被各器官吸收,那么肝脏在一小时内就必须造出3倍于体重的血,一天要造70倍于体重的血!他由此得出结论说:"其数量之大决不是消化的营养所能供给的。"

哈维想:既然身体不可能在短时间内造那么多血,那么,心脏从什么地方得到源源不绝的血液呢?血液流出后又到什么地方去了呢?

还在帕多瓦读书时,哈维就具备了循环的哲学思想。在哥白尼的日心说的启发下,哈维想:血液为什么不可能是绕着心脏做循环运动呢?心脏难道不是身体内的太阳吗?

伟大的科学家从来不拘泥于传统观念的框架,而善于从他生活的时代吸取最先进的思想,站在新的角度来考察前人的遗产。在盖伦生活的2世纪,人们普遍认为完美的圆周运动只属于天界,地上只存在有起点和终点的直线运动。所以,盖伦学说里,血液产生于肝、消失于全身的理论,显得合情合理,天经地义。不!地上也有天上的运动,哈维从来没有忘记时代赐予他的豪情。古罗马的哲人,眼界是狭小的。而现在,整个地球向我们敞开着,伟大的哥伦布、麦哲伦的航行不也是循环运动吗？哈维的思想集中到循环这一点上。

他说："潮湿的土地被太阳晒热时水分就蒸发，水蒸气上升，下降为雨，再来润湿土地。一代代的生物就是这样产生的，暴风雨和流星也是这样由太阳的循环运动引起的。"当哈维站在这样的高度来看待世界时，他已经成为一个思想家了。地上的人并不比天上的神更卑贱。人的身上也存在着和日月星辰一样伟大的运动。

几天来，这关键性的计算使哈维确信：血液犹如德谟克里特的原子一样，既不可能在一瞬间被创造出来，也不会在一瞬间消失。哈维激动地来回走着，似乎感到鲜红的血液在体内不停地循环着。而心脏呵，难道不就是生命的不知疲倦的太阳？

妻子走进来。她那温和的目光似乎在责备哈维通宵不眠。她拉开厚厚的紫色窗帘。哈维笑了，紧张工作的一天又开始了。

对于一个严肃的自然科学家来说，绝不会陶醉于新思想的光辉之中，他必须认真细致地为新思想打下牢固的实验基础。布鲁诺也曾经提出血液循环的设想，但那还不是科学。现在，哈维要用实验来奠定循环思想的科学基础了。

银色的解剖刀闪闪发亮。哈维像一个勇猛沉着的战士，眼睛熠熠闪光。一条活蛇被固定在木板上，半透明的肉在解剖刀下分开了。鲜红的管型心脏在有节奏地缓慢地跳动着。这样的实验他做过千百次了，但他还要重复地做下去，因为这是关键性的实验。根据循环思想，只要扎住与心脏相连的静脉，血液不能流回心脏，心脏就应该变空变小；如果扎住动脉，心脏就会因排不出血而胀大。哈维用小镊子紧紧夹住静脉，蛇心马上变小变白了。一松开镊子，心脏又立即充血。再用镊子夹住动脉，心脏就胀大变紫，似乎倾刻就要爆裂，蛇身抽动着。哈维松开镊子，兴奋地抹去额头的汗珠。再也没有比这简单的实验更有力地证明血液是循环运动的了。

有的人做到哈维这一步就会以为大功告成了。但哈维是个十分严肃的科学家。荣誉和成功、年岁的增长并没有使他失去纯真。他像孩子一样，总是不断地向大自然母亲提问为什么。为什么血液能在体内循环？血液又是怎样循环的？不弄清这些问题，哈维是不会满足的。通过多年的实验，哈维终于证实了：心脏跳动、动脉搏动和静脉瓣结构，保证了血液在体内循环运动。但由于显微镜尚未发明，哈维当时也就无法解决动脉血是如何流到静脉中去的问题。他认为血是通过肌肉中的细孔流过去的。

哈维从来都是把生命看作高度协调的整体，总是力图从功能来理解结构的意义。他不做没有思想的实验。实验是验证他对生命理解的方法，而不是目的。所以哈维并不是重复古已有之的解剖观察和分类描述，而是在活体上做功能实验。这样，哈维在创立血液循环学说的同时，也创立了生理科学的基本方法——活体解剖。一门崭新的科学——生理科学诞生了。

认识真理的过程是复杂的。要从现象到本质，从思维到实验，千百次循环往复。哈维说过："学问不在教条中，而在精巧的大自然中。"他一辈子都在研究生命。但他的实验绝不是盲目的。建立新学说与革命性的新概念的引入、新方法的应用，关系极大。科学家不仅要有献身真理的精神，还要有把科学实验和哲学思想融为一体的气魄，有不怕失败、数十年如一日地坚持工作的毅力，这样才能把新思想立起来。而在追求真理的过程中，科学家的怀疑精神和探索毅力，则始终是推动他登上科学高峰的源泉。

四、"一切都托付给爱真理的热忱"

1615 年，哈维应聘为医学院解剖学外科讲座的终身教授。

哈维走上讲台，看了看讲稿上写的讲授原则："不要称赞或贬低别的学者，因为他们很好地工作过，即使有错误也可以原谅"；"不要和别人争辩"；"不要讲得太烦琐……"哈维有些激动。他决心把自己多年来的研究成果公之于众。不是去指责别人的错误，而是告诉人们什么是对的。

讲台下面放着六块木板。哈维精心解剖出来的心血系统、神经系统的标本分别放在上面。哈维教授用流利的拉丁语很快地一直讲到下课，但是没有引起任何反响。他失望地离开了课堂，在阴冷的街道上徘徊了很久……又一头扎进实验室。

哈维行医的名气与日俱增，很多上流社会的人找他看病。1616 年，英王詹姆士一世聘请他当了御医。詹姆斯一世很喜欢哈维的稳重，却派给他最无聊的工作。哈维要为一些被诬为巫女的妇女做生理检查。哈维没有利用职权把这些可怜的女人送到火刑场上。

1628 年，也就是在哈维公开演讲血液循环说 13 年以后，一天午饭后，哈维和妻子正在喝咖啡。光线透过镶有彩色玻璃的窗户射到一只毛色美丽的鹦鹉身上。这只懂事的鹦鹉不停地做出一些可笑的动作、发出奇怪的声音。它多么想给这对结婚 20 余年而无子女的老夫妻以家庭的欢乐呵！这时，老仆人送来一封信。

"我们不要失去一个让全欧洲都知道您的思想的机会。"德国出版商菲茨在信中热情地写道。他说他决定支付出版的一切费用。哈维感动得流下了眼泪。一个商人竟有这样的眼力和魄力是他万万想不到的。哈维想起，两年前，他为病重的国务大臣弗兰西斯·培根看病时，曾多次向培根讲血液循环的问题。而培根这样伟大的哲人竟然认为那是无稽之谈。同事中反对哈维的人就更多了。而现在，他50岁了，头发已经花白，一个出版商对人类思想进步的高度责任感使他下决心把文稿送出去。

一种新学说一旦以著作的形式出现，那它就脱离了个人的思想，而进入历史的行列，就将受到历史的惊涛骇浪的冲击，在批评和争议中鉴定自己的价值。

《心血运动论》很快就在法兰克福印行出版了。

在这本书中，哈维写道："以下要说的乃是前所未闻的新鲜事物，我不仅怕少数人的猜忌对我不利，而且怕全体人类要和我作对，因为人人都会被成为人的第二天性的习惯、经过传播而深入人心的学说以及尊古心理的影响所支配。""但我意已决，把一切托付于爱真理的热忱和思想开通者的同情。"

这本专著分为17章，行文简洁，朴实无华。哈维用非常干净有力的几句话总结了他的学术思想："一切推理和实证都表明血液是由于心室的跳动而穿过肺脏和心脏的，由心脏送出分布全身，流到动脉和肌肉的细孔；然后通过静脉由外围各方流向中心，由较小的静脉流向较大的静脉，最后流入右心房。由动脉和静脉流出流进的血液量,绝不是消化的营养物质所能供给的,也比专供营养用的血液量大得多。因此,有绝对的必要作出结论:动物的血液是被压入循环而且是不断流动着的;这是心脏借跳动来完成的动作和机能,也是心脏的动作和收缩的唯一结果。"

不出哈维所料,真理很快招来反对它的风暴。来自巴黎、威尼斯、莱顿的反对信件和文章潮水般地涌到哈维的写字台上。带头反对哈维的是巴黎医学院院长里阿兰。里阿兰也以精通解剖享有盛名,同哈维关系不错。但他解剖的目的同哈维相反,是为了捍卫盖伦的权威。每当一个庞大体系面临瓦解的危机时,总有一些最有名望的权威出面捍卫它。里阿兰的拼命反对,使哈维的学说超越英伦海岛,在欧洲引起强烈反响。

对哈维的抨击简直是五花八门。威尼斯有个学者,叫巴里撒纳斯,硬说肺静脉里流的是空气,而不是血。哈维反问他,为什么肺静脉的结构像静脉血管而不像气管?对方强词夺理道:"事物就是这个样子,因为造物主要它们这样。"著名的爱丁堡大学教授普利姆罗兹则嘲笑哈维学说无用,他挖苦地说:"以前的医生也不知道血液循环,但也会看病。"哈维顽强地宣传他的学说。1636年,哈维奉王室之命到纽伦堡,那里有个著名的老医生霍夫曼。哈维写信邀他来看解剖示范表演。老先生来了。哈维的演讲已使大多数听众信服,只有霍夫曼摇头不已,频频提问刁难。谨慎耐心的哈维终于忍无可忍,掷刀而去。

哈维的学说影响非常深刻和广泛,甚至在莫里哀的剧本和法国诗人布瓦洛的作品中,都出现了反对血液循环的保守者形象。这种角色总是预先拒绝一切新事物，并通过作出大学决议这种行政手段来"禁止血液体内徘徊的学说"。据说，哈维的医生业务也受到损害。只不过因他又担任了查理一世的御医，受国王保护，才没有受到人身的摧残。

赞成哈维学说的有著名的进步哲学家笛卡儿和伽桑狄。笛卡儿赞同血液循环的观念，但反对哈维把循环的动力归于心肌的运动。笛卡儿是机械唯物论者。他认为机器要凭借外力才能运转。人体也是机器，不能例外。笛卡儿找不到人体的外力，于是就求助于上帝和灵魂的观念。这就是影响欧洲思想甚深的二元论哲学。

发人深省的问题是：为什么盖伦学说被批判了百余年却没有动摇它的统治，而哈维的学说一问世，盖伦学说的卫道士就感到了可怕的威胁呢？为什么塞尔维特、维萨里把批判的锋芒指向盖伦却没有推翻它的力量，而哈维的著作没有一句直接批判盖伦的话却一举摧垮了盖伦学说呢？这一历史事实，恰恰有力地显示出"立"的力量。只有把经得起实践考验的新事物"立"起来了，旧事物才会被取代，才会消亡。很多人以为，只有布鲁诺、塞尔维特那样的殉难者才称得上与宗教斗争的勇士。事实上，焚烧宗教叛逆者的火光，更加衬托出宗教统治的黑暗，激发起人们的义愤。而唯有科学的创造，才标志着我们已经进入新时代。

五、蝌蚪的尾巴带来最后的胜利

1657 年 6 月 2 日，初夏，黄昏。

在敞开的百叶窗前，一个满头白发的老人安详地坐在大安乐椅上。今天的太阳迟迟不肯下落，老人慈蔼的目光恋恋不舍地望着夕阳。他已经 79 岁了，他不知道是否还能看到明天的太阳。

半个多月来，哈维每天都这样坐在窗前。他是那么地悲伤。因为，他再也不能走了。他曾经是个不倦的步行者。从中学时代起，小哈维就是一个杰出的步行者了。在剑桥凯斯学院东北部的河谷里，他穿过美丽的石楠丛，踏着浓密的青草，在星空下沉思着，心中充满了对生命科学的向往。在帕多瓦，在湛蓝的大海边，在清澈的咸水湖畔，他低头走着。在伦敦那弯曲的街道上，他出诊、讲课……在科学的道路上，他始终不知疲倦地向前走。他晚年醉心于鸡的胚胎受精和发育问题，甚至还研究数学。

哈维的晚年是痛苦而又凄凉的。妻子早已去世，又没有子女。1640 年，英国爆发了资产阶级革命。哈维是查理一世的御医和友人，又是王子的监护人。他认为这次革命是叛乱。在连年战争中，哈维一直追随王室。革命党攻占伦敦后，抄了保皇党哈维的家。1649 年，查理一世被判处死刑。哈维灰心至极，认为世界的末日已经到来。好友们逃散了，国王死了，他经常出入的宫廷被焚毁了。哈维感慨万分地说："国家布满了风浪，而我是风浪中一只颠簸的小船。"克伦威尔执政时，皇家医学院推选哈维当院长，他以年老为理由推辞了。他内心实在是认为，在一个没有国王的国家出任院长，是对国王的背叛。

6 月 3 日，哈维终于因中风而躺倒了。黄昏时，他静静地躺在床上，最后一次睁开了眼睛。哈维看了看夕阳，又看着周围的亲友。他似乎想说话，但已经不会说了。他慢慢掏出怀表，深情地注视着它。在几十年如一日的解剖实验中，这块怀表始终是哈维最忠实可靠的助手。哈维是那样地热爱生命，他在追求真理的道路上从不停步，现在，他就要回到大自然中去了。哈维慢慢阖上双眼，与世长辞了。他把所有的财产捐赠给皇家医学院，奖励那些从事发现自然奥秘的人。

哈维去世后没有多少年，血液循环学说中的最后一个疑点也消除了。1660年，意大利的马尔比基用显微镜看到了青蛙肺里的毛细血管。1688年，荷兰科学家列文虎克用他自制的精致显微镜观察蝌蚪的尾巴。他惊喜地写道："最初看着，真使人欢喜之至，血液像小河流般循环流往各处。"他宣布："所谓动脉和静脉，实际上是连在一起的。"这就是毛细血管。科学仪器的进步，终于使人们亲眼看到了血液循环。任何科学诞生之初，都不会尽善尽美。它也绝不会摆出俨然是绝对真理的架子去阻塞人们前进的道路。哈维学说中的疑点，正是后人前进的起点。20世纪以来，哈维在生理科学中采用过的数学方法和力学方法，正在生物科学中大放异彩，产生出富有生命力的新分支。

哈维生活在人类社会剧烈变动的时代。当时，新兴资产阶级登上了政治舞台，近代科学诞生了。这个时代需要而且产生了一批伟人。但是，他们同任何时代任何伟大人物一样，不是也不可能是完人。第谷不相信哥白尼的日心说，培根反对哈维的血液循环理论，牛顿求助于上帝的第一次推动，哈维忠于腐朽的王室，大化学家拉瓦锡在法国大革命中被送上了断头台……然而，并不能因此而否认他们是科学史上的伟大人物。这些伟大人物，只可能在某些方面走在时代的前列。他们都是从旧世界里成长起来的,当他们抓住真理时,便所向披靡,成了新时代的创造者。他们各自在自己的阵地上,点燃了进步的火炬。正是这星星点点的火光,汇成了新时代的黎明。

哈维的一生告诉我们,伟大的科学家绝不是神,也不是圣人。他们只不过是科学上的老实人。尽管他们当中有的人可能在政治上曾经是时代的落伍者,但子孙后代将永远纪念他们对科学的贡献。多年过去了,哈维对真理的追求,在科学实验中的赤子之心,犹如他那不朽的学说一样,仍然闪烁着动人的光辉。

(作者:刘 宁)

格雷
有神进化论者

阿萨·格雷
(Asa Gray, 1810—1888)

1858年7月1日晚上,伦敦林奈学会的会议正如常举行。交流最新的科学发现是这种会议的一大功能。在这次聚会上,在植物学家约瑟夫·胡克和地理学家查尔斯·赖尔的精心安排下,三篇有关进化论的文本先后被宣读:首先是达尔文写于1844年的一篇概要,其次是他于1857年9月5日写给阿萨·格雷的信,最后是华莱士寄给达尔文的论文。这样的安排是为了证明达尔文的优先权;很久以前他就构思出了进化论假说,但迟迟未发表,直到1858年他收到华莱士的论文。在此之前,他只向胡克、赖尔和格雷几位密友透露过他的理论。

　　那么,阿萨·格雷是何许人也?他如何能进入达尔文的学术核心圈子?他与进化论进入美国有什么关系?鉴于国内学界对格雷的研究较少,本文将以这段跨大西洋科学交流史为背景,介绍格雷这位美国19世纪最重要的植物学家的生平,论述他为达尔文进化论进入美国所做的贡献,并以他为例讨论当时的分类学者如何在进化论、分类学与基督教信仰之间寻求平衡。

一、新大陆的杰出植物学家

　　格雷于1810年出生于纽约州中部的一个村镇。他家里先后以制革坊和小农场为生,家境尚可,因此他得以接受在当时还算不错的教育：十二三岁时进入离家不远的克林顿语法学校，学习拉丁语和希腊语；15岁时升入当地的一所中学费尔菲尔德文实学校；一年后又进入其时正欣欣向荣的费尔菲尔德医学院学习医学。按照格雷在自传中的记述，正是在费尔菲尔德医学院，化学教授哈德利激发了他对博物学的兴趣。哈德利是一个由医师改行而来的博物学家——这在当时是很普遍的，当时的医学院因为要开设草药学等课程，间接地提供了博物学教育，大植物学家林奈以及格雷本身都是由医生改行的。此外，当时的学科分化尚未深入，博物学家们常常横跨多个领域；哈德利将自己的研究限于化学、矿物学和植物学，格雷也跟着他进入了这些领域。

1827年冬，17岁的格雷接触到由布鲁斯特主编的《爱丁堡百科全书》。该书对植物生理学和分类学进行了讨论，并介绍了林奈的人工体系和安托万·裕苏的自然体系，由此激发了格雷对植物学的兴趣。不久后，他买了一本美国当时很流行的植物学教科书——伊顿的《植物学手册》，第二年春在当学徒行医的同时开始辨认植物、采集植物标本。在哈德利的帮助下，格雷开始与当时美国为数不多的植物学家如阿尔巴尼的贝克博士、纽约的托利博士等通信，向他们请教植物学问题，并向他们寄送植物标本。值得一提的是，正是贝克博士引导格雷注意到菊科的多样变异性，后来菊科成为格雷最喜欢的一个科；而托利则成为他一生的导师兼挚友，对他处处提携，并正确地预言格雷"早晚有一天会在科学界闹出些动静"。

1831年1月格雷毕业，拿到了医学博士学位，回到老家行医。不过由于他对医学解剖比较敏感，所以不久就放弃了医生这个行当。尽管当时社会所能提供的学术工作机会并不太多,但格雷还是有志于进入这个领域;如他的早期信件所显示的那样,那时的他挣扎在困窘的生活中,有时也会怀疑他所挚爱的科学能否让他维持生计,但终究还是保持了乐观的态度,并决心为此作必要的牺牲。

在当时的美国,博物学相对其他科学来说更为发达。一方面,19世纪本就是博物学的黄金时代。欧洲自殖民扩张伊始就开始留意所到之处的自然资源,博物学是他们的重要手段,当时向殖民地派遣植物猎人、物种标本采集者都是相当寻常的事,博物学也逐渐成为一种时尚的消遣。这一趋势在19世纪达到了顶峰。另一方面,美国作为新生的共和国更有着统计国土上动植矿物资源的迫切需求。在1815—1844年间,无论从学者数量还是发表作品数量来看,博物学都占据了美国科学的半壁江山。这样的背景加上格雷本身所具有的植物分类天赋,使他笃定了以植物学为生的决心。

之后的几年格雷断断续续地在纽约州和宾夕法尼亚州获得了一些教学或采集植物的机会:1831—1834年在纽约州中部的尤蒂卡教中学生化学、地理学、矿物学、植物学;1834年成为托利的助手,但由于托利所在学校不景气没有持续很长时间;同年12月,格雷在纽约博物学讲堂宣读了他对莎草科刺子莞属植物的研究,该属物种较少,且大部分在北美发现,由此确立了他植物学家的身份。1835—1836年,他的第一本植物学教科书——《植物学手册》出版,同时他开始与托利合作编写《北美植物志》。这是美国人自己编写的《北美植物志》。作为曾经的殖民地,当时对北美植物最具研究的是欧洲人，有关北美的植物志亦多由欧洲人编写，美国植物学家常常需要前往欧洲去比对模式标本。而托利和格雷都深切地爱着自己的国家，他们立志推进美国的科学，终结本国学术领域中的"骗子行为"，编写一部全面的北美植物志就是这一意愿的部分体现。

格雷慢慢有了些名气，1836年夏，他被国会聘为"美国远征探险队随行植物学家"，但格雷后来为密歇根大学的教职放弃了这一职位。1838—1839年，他远赴欧洲为新成立的密歇根大学采购书籍和仪器——这在当时的美国教育界也是常见之事，毕竟彼时的欧洲在学术、教育上远胜美国，是后者心目中的"取经圣地"，托利也曾于1833年赴欧洲为新成立的纽约大学购买书籍和仪器。格雷在此行中结识了诸多欧洲博物学家，包括达尔文。1841年11月10日，格雷被选为美国艺术与科学院成员，之后多次担任该学院的通信秘书（1844—1850、1852—1863）、出版委员会主席（1846—1850）及主席（1863—1873）。1842年经哈佛前校长昆西的引荐成为哈佛大学的博物学教授，教授植物学和动物学，并监管哈佛植物园。至此，格雷才有了稳定的收入，生活逐渐稳定下来。6年后，他与波士顿的一位大家闺秀简·劳瑞结为夫妻，此时格雷已38岁，即便在现在也是相当晚婚的年龄了，这也可算作他为挚爱的科学所做的必要牺牲吧。两人终生无子。

格雷生活的时代正是美国疆域向西向南扩张的时代，美国政府随之进行的探险塑造了格雷的研究事业。1848年6月，格雷携新婚妻子拜访华盛顿，此行之后他担当起整理1838年威尔克斯远征所采集的植物标本的重任。美国国会为此支持格雷和妻子赴欧洲访学一年（1850年夏至1851年夏），因为有许多模式标本都在欧洲，格雷需要前去比对标本。稍后1853—1854年的铁路调查又给格雷送来许多新标本。这次调查的植物报告比较顺利，最后出版了皇皇十二卷，从此美国西部植物不为人知成为历史。美国在外扩张也给格雷带来许多机会，比如佩里打开日本国门，随行的莫罗和威廉姆斯将采集的标本送给格雷，格雷最终将其加入佩里报告中。

如同林奈向全球各地派出了使徒一样，格雷作为一个室内植物学家（不亲自去野外采集的植物学家），也为自己培养了许多植物标本采集者。尤其在进入哈佛后，他逐渐从小学院教授变为大都市植物学家。比如，他对阿巴拉契亚山南部的植物一直很有兴趣，在那里有些老朋友给他寄标本。赖特在美国东南部、古巴、日本、澳大利亚及其他地区为格雷进行采集，他在日本的下田和函馆采集了一些颇能反映日本植物特色的标本，这些标本后来成为格雷一篇重要论文的材料。瑟伯、芬德勒、艾维德伯格、伯兰迪尔还从加勒比地区、墨西哥及更南部向格雷寄送植物标本。他还与圣路易斯的恩格尔曼合作探索得克萨斯州和新墨西哥州的植物。

美国在19世纪50年代的扩张活动和那些田野采集员的辛勤劳作，使得格雷获得了有关北美东部、西部以及以日本为代表的东亚地区植物的第一手材料，这些材料使他看到了整个北半球的植物区系关系。1856年，格雷在当时美国最有威望的科学杂志《美国科学杂志》发表了一篇文章《美国北部植物统计》，这篇文章被格雷的传记作家杜普雷看作是美国植物学史的里程碑，并且是植物地理学的奠基之作，尽管其中格雷对统计学的应用在很多方面都是粗糙的。

更重要的可能是格雷于1859年发表的一篇文章《赖特在日本所采集的显花植物的特征兼对日本植物群与北美及北半球温带其他地区植物群关系的观察》。在这篇文章中，格雷指出了一个他早在19世纪40年代就注意到的现象，即东亚植物群与北美东部而非西部植物群之间存在明显的类似。格雷并非这一现象的首要发现者，林奈的使徒之一哈勒纽斯早在他1750年的博士论文中就论及了这一现象。不过是格雷使这一问题成为科学界关心的议题，所以这一分布模式有时也被称作"阿萨·格雷间断分布"。对于这一现象是如何形成的，格雷最初倾向于多次创造说，即是造物主在多地的分别创造，但后来通过与胡克、赖尔的交流以及与阿加西的辩论，他开始采用气候变化来解释。他打碎、融合了达尔文、赖尔、英国植物学家边沁和美国地理学家达纳的理论，提出一种解释模型：在第三纪时，温带植物到达北极圈，美洲和亚洲的温带植物相连，由此发生了混合。第三纪后的冰川期迫使植物南迁。冰川期结束后是温暖的河流期（它与下文的阶地期都是由达纳提出的），于是温带植物再次北移，美洲和亚洲的温带植物通过白令海峡再次相连、混合。随后是一直持续到现在的寒冷的阶地期，植物在此期间再次南迁。"由于植物的混合、交换主要发生在北半球高纬度地区，由于等温线在我们的东部偏向北，而在我们的西部海岸偏向南"，西部的物种并未能迁徙参与这两次混合，因此北美东部而非西部的植物与东亚植物更相像。为什么这两地的许多植物是相近种而非相同种呢？对于这一问题，达尔文的物种演变理论是一个可能的解释。这样，格雷关于这一分布模式的知识在当时支持了达尔文的理论，此外这一现象至今仍然是植物地理学、植物系统分类学等学科的研究对象。

这些文章以及与欧洲植物学家的交往，使格雷成为美国当时少有的几位有国际声望的科学家之一。他持续不断地在当时的重要科学刊物上发表他的发现，并且还作为《美国科学杂志》的通讯秘书发表学会纪要和科学文献汇编，将欧洲的最新科学成果介绍给美国科学界。此外，格雷还出版过若干植物学教科书；他与托利一道，促进美国植物学界和教育界从林奈性体系转向了自然体系，为美国的植物学教育做出了贡献。美国之后一代植物学家也有许多是他培养的，比如大名鼎鼎的贝西。有几种植物以格雷命名，比如他于1840年卡罗莱纳探险中发现的格雷百合。

格雷于1888年去世。当时的美国学术界与他刚进入时的情形已大为不同：借鉴德国模式的研究型大学正在崛起，现代美国大学体系初具规模，从而提供了许多学术工作机会；职业化、专业化大大加深，很难再想象同一教授兼授地理学、化学、博物学等多门学科。更重要的是，在对动植物的研究中出现了明显的生物学转向，即不再以分类学为主，而是转向了实验室研究和生理学研究。博物学似乎成了一个过时的标签，分类学家统治植物学界的日子一去不复返了。尽管格雷很强调植物的构造与生理学——这在他所编写的植物学教科书中有明显的体现——但他的主要工作仍在博物学框架之内。他为美国植物分类和植物学教育所做的贡献，已足以令他在美国植物学史上留下浓墨重彩的一笔，不过，他的职业生涯远未止步于此。生活在博物学黄金时代的格雷，凭借自己的学识参与了当时博物学最激动人心的事件，他职业生涯的巅峰时刻由此到来。

二、与达尔文的交往及将《物种起源》引入美国

如前所述，早在格雷第一次访欧期间，他就已经与达尔文见过面了（1839年）；第二次访欧时两人也曾会面（1851年），不过直到1855年才开始互相通信。当时约瑟夫·胡克与格雷已有不少信件往来，两人的关系比较亲密，在信中既讨论植物的分布、变种与品种的起源等问题，也聊周边的人和事。1854年春，胡克与格雷在讨论两种相距遥远但十分相像的植物究竟是不同物种还是变种时（当时已发现了许多类似案例），胡克为格雷在信中所展现的推理能力与学识所折服，于是将他的一封重要来信转给达尔文阅读。达尔文对格雷表示赞赏，不过当时他正忙于藤壶研究，直到当年9月才重新回到"物种理论"上。11月时，达尔文重新考察世界范围内的植物地理分布问题，他遗憾地发现尚未有学者比较美国与欧洲的植物群；他只好从了解美国的植物入手，格雷的《美国北部植物手册》成为他的主要参考书目。

1855年4月25日，达尔文首先写信给格雷，请教有关美国高山植物的问题。达尔文的谦逊品性在这封信中展露无遗：

> 我希望您仍记得，我曾在邱园被介绍给您。我想求您帮个大忙，我知道我对此无以回报。不过我想这个忙不会给您带来太大的麻烦，然而却会令我受益良多。我不是植

物学家，我所问的植物学问题可能在您看来十分可笑——几年来我一直在收集有关"变种"的事实，当我得出任何能在动物中得到验证的一般性结论时，我总试图在植物中进行验证。……

达尔文附上了从格雷《美国北部植物手册》中抄录的高山物种清单，请教这些植物的生境和分布范围。最后他还问格雷是否发表过美国和欧洲相似显花植物的清单，以便一位非植物学家可以判断这两个植物群之间的关系。如果没有，"如果我建议您发表这样一份清单，您是否会认为我非常冒昧？……我向您保证，我知道我这样做多么冒昧，不是植物学家却向您这样的植物学家提出这样一个最无关紧要的建议；但根据我从我们共同好友胡克那里所看到、所听说的关于您的消息，我希望并且认为您会原谅我，并相信我……"

正是这封信促使格雷写作那篇《美国北部植物统计》，该文第一部分发表于1856年9月的《美国科学杂志》，第二部分于1857年发表。达尔文是位大师，他善于博采众长、兼收并蓄。他需要生物在地球上的分布方式作为证据支持他的进化论，所以促使格雷、胡克、阿方索·德堪多等人去分析数据，去问大问题——这几位植物学家后来被当作植物地理学的共同奠基者。

两人的交往是双向渗透的。就格雷而言，他也需要与胡克、达尔文的交流来支持他与阿加西的辩论。阿加西生于瑞士，后移居美国，任哈佛的动物学教授，创办了哈佛比较动物学博物馆。他是格雷在美国科学界的对手。两人有着完全不同的行事风格：阿加西具有杰出的社交天赋，不仅是位极具魅力的公众人物，获得了美国大众及政府的大力支持与资助，而且也是当时美国多个科学圈子的核心人物，包括剑桥科学俱乐部、星期六俱乐部和科学闲人帮。格雷则相对低调很多。两人在一些科学观点上也是针锋相对的，比如阿加西偏向于唯心论、浪漫主义，格雷则是理性的、经验主义的。按照杜普雷的说法，"格雷更像个18世纪末的人，……而阿加西则体现了那股导致18世纪理性主义向19世纪唯心主义转变的革命性力量"；阿加西认为人种是多起源的，并不拒斥奴隶制甚至为奴隶制辩护，格雷则反对奴隶制——南北战争期间，他坚定地站在北方联军一边，维护国家统一，不但购买战争债券，而且还在给达尔文的信中慨叹自己没有孩子很遗憾，因为"没有儿子可送去战场"；等等。两人对物种分布模式的解释也不同：如上文所述，当时的博物学家们已经注意到全球范围内的物种分布呈现出一种模式，有些十分相似的物种在相距非常遥远的地区出现；作为基督徒他们都相信创造论，而阿加西相信灾难论和物种的多次创造论，即一个物种可以在不同地方被多次创造；格雷和胡克则尝试着用气候变化来解释，他们认为只存在一次创造，当下物种的分布模式是由气候变化及随之而来的物种迁徙引起的，达尔文提出的物种演变理论则支持并完善了他们的这一解释。

两人间关于物种的讨论促使达尔文向格雷透露了他正在思考的理论。在1857年9月5日致格雷的一封信中，达尔文详细阐述了他的自然选择理论，以及他新近关于物种趋异的思考，他认为这可以解释后裔不同种系的起源。如前文所述，这封信后来被作为证据在林奈学会宣读。

华莱士和达尔文的联名文章公开后，胡克、赖尔、格雷等人总算可以公开谈论进化论了，不用再藏藏掖掖。格雷成为美国宣传达尔文理论的主要人物，他积极地将达尔文及其理论介绍给美国科学界，并以此来对抗阿加西。1859年4月，格雷在哈佛大学科学俱乐部的一次聚会上，大致讲述了达尔文与华莱士的理论，"部分是为了看看它能在这些人之间激起多大的浪，部分是不怀好意的，为了让阿加西坐立不安，这些观点与他钟爱的那些观念如此针锋相对"。不过这一理论在当晚并没有引起很大的反响。这既是因为当时在场的人未意识到达尔文理论的革命性，也是因为之前《自然创造史的遗迹》的发表和拉马克的理论为达尔文理论做好了铺垫和缓冲。

《物种起源》出版后，格雷保护达尔文的利益在美国不受盗版商的侵害——当时尚没有一部国际版权保护法。第一版时，原本达尔文打算送给格雷一份印刷样品，但他和出版商都忽略了。第一版大卖，所以他寄了一份第二版给格雷，并拜托格雷帮助出版美国版并"为任何利润做任何必要的安排，为了我和出版商"。格雷立马与波士顿的一家印书商蒂克纳与菲尔茨商议合作出版美国版。不过，由于当时美国只能授予美国公民版权，所以任何出版商都可以盗印。当格雷听说纽约的两家出版商正在印刷时，就写信给他们要求停止，由他在波士顿出版最新的修订版。这两家中的一家哈珀放弃了，另一家阿普顿则已出版，不过愿意付版税，格雷决定接受后者的条件，于是后者成为达尔文在美国的出版商。阿普顿提供两种选择，50 镑一次性买断，或者 5% 的版税，格雷为达尔文选择了后者。到 1860 年 5 月，出版商付给达尔文 22 镑，达尔文将部分回馈给格雷，以感谢他所做的种种安排。

《物种起源》出版后一年内，格雷先后在《美国科学杂志》上发表了两篇书评，并在《大西洋月刊》匿名发表了三篇文章，介绍达尔文的学说，也介绍了赫胥黎与牛津教区主教威尔伯福斯及生物学家欧文的争论，回应对达尔文理论的质疑，并借此大力抨击阿加西的理论。格雷的书评颇受达尔文的好评，后者甚至计划以"联合出版"名义刊行美国版《物种起源》，以格雷的评论开始，书名《达尔文与格雷的物种起源》，但此事并未成功。发表在《大西洋月刊》上的三篇文章措辞谨慎，但整体上对达尔文的进化论无疑是肯定的。达尔文建议出个小册子，后来格雷请《大西洋月刊》的发行方蒂克纳与菲尔茨印了些，名为《自然选择与自然神学并不抵触》，并通过楚伯内公司在伦敦发行。达尔文费心费力推广格雷的小册子，不过格雷的小册子并未说服威尔伯福斯主教，也未说服达尔文接受他的解读（详见下文）。格雷还将数百本小册子有选择地分发给博物学家、神学家、评论家以及多个图书馆。后来格雷所写的这些文章及之后写的相关文章于 1876 年编成集子《达尔文学说》出版，并几次重印。

两人的交流不止于此。达尔文还曾向格雷请教关于兰花的问题，包括绶草属和斑叶兰属，询问这些花的螺旋形态是否能帮助昆虫导航，进而达到为花传粉的目的。达尔文关于植物的书格雷几乎都写了书评并介绍给美国科学界。1868 年时，格雷携妻子去欧洲度假，顺道去达尔文的唐恩小屋拜访他。除此之外，两人一直以书信方式交往，直到达尔文去世。

三、格雷的有神进化论

进化论史专家皮特·鲍勒曾于20世纪80年代提出了"非达尔文革命"的观点，认为达尔文的《物种起源》仅仅是掀起了进化观念对物种不变观念的革命，并没有使自然选择原理深入人心。不过格雷的例子有些不同；正如杜普雷和鲍勒指出的那样，他接受了达尔文物种可变和自然选择的观点，但并未放弃设计说，并未否定上帝对自然进程的参与，而是提出了自己的有神进化论。

格雷祖上是爱尔兰移民，信奉苏格兰长老会。他幼年时所接受的宗教教育可能只是让他对长老会有了模糊的接受，成年后在托利夫人的影响下，成为虔诚的公理会信徒。在达尔文1857年9月5日来信之前，格雷是物种恒定说的坚定支持者。1844年《自然创造史的遗迹》发表后，格雷坚决反对其自发说，1846年格雷在《北美评论》上发表了一篇长文，称《自然创造史的遗迹》是"异教咒语"。他认为无论是从理论上还是神学上，物种演变说都最招人反对，而非特创论。这一时期的格雷虽然避免在植物学著作中使用上帝或造物主这样的术语，但他相信自然中存在"一种特殊的设计"，物种不仅有造物主，而且还有管理者；物种是某种超自然在多处的独立创造，一个物种并不能从另一个物种中生长出来。直到1857年，格雷仍在他出版的教科书中称物种之间是有"明确边界的"。

后来在与达尔文讨论同一属物种的地理分布时，格雷对达尔文提出了疑问:"我从未看到有什么可信服的理由可以得出结论说,同一属的几个种肯定有共同的或连续的分布区域。说服我,或者给我看看任何相关证据……"于是达尔文写了1857年9月5日那封信,称"物种不过是强定义的变种罢了"。尽管格雷和当时的许多博物学家一样,认识到物种可变理论给分类学带来的威胁:稳定的物种是分类学的基础,这样分类学家才是科学共同体中受尊敬的一员;失去这个基础,他们就难逃物种贩子之名了。但达尔文的证据和他多年的经验说服了他;他毕竟是一位诚实的科学家。1859年时他这样写道:

> 我已经倾向于……承认,所谓的紧密关联的物种可能在许多情况下都是某个原种的线系后裔,就像驯养的品种一样,或者换句话说,物种(如果是指原始形式)偶然变异的领土比通常设想的要宽广,当这些派生形式被隔离后可能像其原初形式一样持续地不变地繁衍。

《物种起源》出版后,格雷成为美国首要的达尔文进化论宣扬者,不过他并没有完全接受这一理论。格雷在为《物种起源》所写的书评中并不称自己为皈依者,对此他向达尔文和胡克解释说,这既是出于策略考虑,也是事实:"我说过你们应当在这里获得公正对待,我做到了……""每天我都能看到我那些评论的分量……如果称自己为皈依者可能就没有这样的效果了……但同时这也是事实……"

对格雷来说，将上帝完全从自然进程中赶出是他的宗教所不允许的。1859年10月，格雷在信中告诉胡克，他对同源物种由变异衍生而来没有任何异议，但他对达尔文"将这一观点推演到极致"感到迷惑——"全世界都成了亲戚"——他也不太能接受自然过程完全是随机的。"你将如何贯通宗教哲学与你的科学的哲学。""如果我无法将它们贯通成一致的整体……我会感到不安的。"

于是格雷对达尔文的理论作了自己的理解，设计出一种有神进化论。首先，他指出进化论并不必然是"无神论的"。他在《美国科学杂志》上发表的书评中指出，达尔文的《物种起源》常常被批评为"无神论的"，但这并没有道理，尤其考虑到当时的其他"更反动的"科学假说都没有受到如此抨击："引力理论和……星云假说假定一种普遍的、终极的物理因，自然中的所有后果都必定是由这种因导致的。""而达尔文仅仅是采用了一种或一系列特定的、近似的因，并论证说当前的物种多样性是或可能是偶然地由这种因引起。作者并没有说必然会引起。"如果人们可以用达尔文的理论支持一种无神论自然观，那么他们就可以以此种方式利用任何科学理论；既然引力理论和星云假说并没有背上这样的罪名，那么达尔文的理论也就不应当受到这样不公平的待遇了。

在格雷看来，科学仅仅是对"第二因"或"自然因"的追问。而设计论证或目的论证已经"得出了确定的结论：一位智慧的第一因、自然的预定者是存在且继续起作用的，……""有机自然界充满了明显的、不可抗拒的设计迹象，并且作为一个联系的、一致的体系，这一证据表明了整体的设计性。""接受达尔文的假说并不会扰乱或改变这一信仰的基础。"因此，不必因"盲信物种没有第二因"而拒绝达尔文的理论，尽管也无需将该理论当作"真的"。

由此可以看出格雷与达尔文的差异所在。达尔文早已摆脱了自然神学的影响，对他来说上帝即使存在也只是在最抽象的意义上；而格雷深受自然神学的影响，他的上帝不仅是一位创造者，位于世界的开端之处，而且还是一位管理者，仍然在自然进程中起着作用。

不过格雷并没有让上帝成为选择者；他承认达尔文的自然选择是起作用的，是这股客观的、机械的、筛选的力使有机体适合其环境：这是格雷与其他创造进化论者的不同之处。他在"变异"中为上帝找到了位置。他发表在《美国科学杂志》上的一篇文章中写道："但变异本身也有起源。从对过去的观察中我们无法预言什么样特定的变异会出现……（它）是同样神秘或无法解释的，只能假定存在某种上帝意志。"在发表在《大西洋月刊》上的另一篇文章中继续写道："由于变异的物理原因是完全未知的、神秘的；我们应建议达尔文先生在他的假说中假定，变异是被引导沿着一定的有益路线的。"

此外，格雷的上帝还可能在自然进程中发挥着另一种作用：进行特别创造。格雷用人造工具的类比来说明"变异—自然选择"机制与特创论是可以并行不悖的，这一类比充分体现了自然神学对他的影响：

看起来以下两种情形是同样可能的：特殊起源在恰当

时机一次又一次地出现（比如人类的创造）；或一种形式在恰当时机被转变为另一种，比如一些连续物种仅仅在某些细节处有所不同。用一个通俗的比喻来说明吧：当新情境或新条件要求时，人类会根据自己的智慧改变他的工具或机器。他会对他所拥有的机器做小的改变和改进：比如他给一条旧船装上新帆或新船舵。这对应于变异。……随着时间的流逝旧船会破旧会损毁；最好的品类会被选来做特定用途，并被进一步改进，这样原始船只会发展出平底大驳船、小艇、单桅帆船及其他品种的水上工具——正是多样化，以及连续的改进，引起那些不那么适用于特定用途的中间形式的消失；这些逐渐变得没用，成为灭绝物种：这是自然选择。现在，假如取得了很大进展，比如发明了蒸汽机：尽管这发动机可以被用于旧船上，但更明智、更切实的做法是按照改进的模型做一条新船：这可能对应于特别创造。无论怎样，两者并不必然互相排斥。变异和自然选择可能起了作用，特别创造也可能起了作用。为什么不呢？

在格雷看来，人就是一个特别创造的例子。不过可能正因为他赋予了人特殊地位，他后来也反对社会达尔文主义，并不认为"物竞天择，适者生存"适用于人类社会。

格雷将变异的发生归功于上帝以及他对特创论的支持，都意味着他在解释自然现象时部分地放弃了自然主义的解释路径。这样的做法对科学而言是很不利的，如此解释将使遗传学的出现成为不可能，并且会大大减小进化论的解释力和适用范围。格雷在这里表现出了某种逻辑上的不一致。他曾说过，仅仅以神圣意志来解释物种分布及其起源"将把整个问题移出归纳科学的领域"。然而，他并没有将他的归纳科学进行到底，而是在缺乏物理证据和物理原因时就诉诸上帝。

格雷的有神进化论并没有被很多学者接受，虽然迄今为止美国仍有些基督徒试图从格雷处寻找支持。不过他的立场的确有助于平息达尔文学说所激起的宗教上的反对，达尔文也想利用格雷的设计论证来影响温和的反对派。正如一位后世评论家指出的那样，如果说赫胥黎是达尔文的"斗犬"的话，那么格雷就是达尔文的"和平鸽"。他试图平息公众对《物种起源》的反对。达尔文曾写信告诉格雷："如果不是有那么四五个人（支持）我早就被击溃了——你就是其中一个。"

一直到最后，格雷都是位有神论者，而达尔文则自称是不可知论者。1868年达尔文在《动物和植物在家养下的变异》一书的末尾公开否认了格雷的有神进化论，好在两人的友谊并未因此受到太大的伤害。格雷作为一位虔诚的基督徒，不得不在信仰与科学之间做出妥协。他或许代表了西方最后一代在自然神学与现代科学之间摇摆的科学家。

（作者：杨　莎）

孟德尔

现代遗传学的奠基人

格里戈·约翰·孟德尔
(Gregor Johann Mendel, 1822—1884)

在科学史上，像牛顿、达尔文这样的科学家因其重大的科学发现和卓越的科学成就，生前就赢得了世界性的声誉。但是也有一些科学家虽然作出了重大的科学发现，却由于种种原因，并没有引起科学界的注意和重视，甚至被忘却、埋没。然而很多年后，随着科学的发展，这些被埋没的天才人物才重新为人们所认识，并由此获得了他们本来所应有的荣誉。科学史上这种事例俯拾皆是。奥地利神父、现代遗传学奠基人孟德尔就是最典型的一个。

一、在苦难中磨炼

格里戈·约翰·孟德尔祖籍德国。1822 年 7 月 22 日（据中泽信午著《孟德尔的发现》一书，孟德尔的生日是 1822 年 7 月 20 日）——这天正是圣玛格德伦诞辰日——他出生于奥地利西里西亚地区的海钦道夫（现属捷克的海恩西斯）。他父亲安顿·孟德尔是个贫苦的农民，拿破仑战争期间，他曾在军队服役，战争结束后回家务农。孟德尔的母亲罗赛恩是个园林工人的女儿。她心地善良，精明能干，生过四个女孩、一个男孩，孟德尔排行第二。孟德尔出生时，奥地利正处于哈登斯堡王朝统治时期，安顿·孟德尔家田地很少，他不得不靠打短工和租种地主家的地来维持全家的生计。

幼年的孟德尔勤奋好学，学识过人。他 6 岁破蒙读书，4 年就学完了小学的全部课程,深得启蒙老师玛吉他的喜爱,被称为"乡村小学的高材生"。1832年,孟德尔小学毕业后,以全校第一名的优异成绩考入了拉波尼克初级中学。一年后又因学习成绩优秀而转学到特洛堡大学预科学校(相当于现代的全日制高级中学)。在特洛堡学习期间,孟德尔的学习生活是很艰苦的,奶油和面包全靠父母从家里送来,常受腹饥之苦。1838年,由于家乡遭受自然灾害,粮食歉收,父亲安顿·孟德尔在一次劳役中又受了重伤,失去了劳动能力,家里只能断断续续地供给他很少的生活费用。生活的磨难降到了年仅16岁的孟德尔的头上——他只得靠当家庭教师来自谋生路。他知道,一个贫苦农民的儿子能读上中学,并非易事。因此,他奋发读书,自强不息,多次被评为优等生。在他的中学毕业证书上,除神学外,其余各门功课的成绩都是优秀。他的物理学老师弗朗茨说他"在物理学方面,是全班学得最好的"。

中学时代,孟德尔就很喜爱自然科学和哲学。他对特洛堡大学预科学校不开哲学课程深为遗憾。因此,1840年中学毕业后,他最大的愿望是能到奥尔米茨大学哲学学院学习。当时父母已无法支付他的学习与生活费用,他又难以在那里找到一个家庭教师的职业糊口度日,所有的努力都失败了。失望和对前途的焦虑深深刺激了他,以致他病倒了一年。孟德尔的妹妹特蕾西亚十分同情他,为了使孟德尔能够继续上学读书,她拿出了自己的嫁妆费。在妹妹的资助下,1841年秋,孟德尔进了奥尔米茨大学哲学学院。在这里,他除了学习普通的自然科学课程,主要是攻读德国古典哲学,特别感兴趣的是黑格尔与康德哲学。

二、仁慈的神父，热心的教师

在布尔诺城区的斯伯堡格山脚下，有一群占地面积不小、呈四方形的古老建筑物，这就是圣托玛斯·奥古斯丁教派修道院所在地。1843年9月，21岁的孟德尔为生活所困，被迫中途辍学到这里当一名见习修士，取名格里戈。正如他后来在简短的《自传》中所说的："他（孟德尔《自传》是以第三人称写的）感觉到不得不跨入人生的另一站，这样可摆脱艰苦的生活斗争。他的处境决定了他的职业选择。"

但是，孟德尔进修道院后不久就很快觉察到，在修道院不仅可免于生活上的饥寒困苦，而且也有着良好的学习环境，仍然可以钻研自然科学。该修道院所在地布尔诺是摩拉维亚地区的科学文化中心，修道院里有很多神父都是当时奥国颇有名气的学者。如主教纳帕是大学教授，他对哲学、神学、语言学和数学、生物学都有相当的研究，发表了不少有关神学和自然科学的专著和论文。神父泰勒、克拉塞是有名的植物学家，他们在纳帕主教的支持下，在修道院内建立了一个小植物园和一个植物标本室，搜集和栽培了不少显花植物的奇异品种。那时候的孟德尔还不是生物学家，但却是一个生物学爱好者。因此他对克拉塞管辖的植物园和植物标本室产生了浓厚的兴趣，与他接触频繁。克拉塞也很喜欢这个新来的年轻的修士，经常向孟德尔传授植物学和果树栽培学知识，指导他用植物做杂交实验。受克拉塞等人的影响，孟德尔变得愈加酷爱自然科学，"不遗余力地通过自学和请教知名学者来弥补自己知识上的缺陷"。

为了取得神职，孟德尔也不得不硬着头皮去学习那一大堆枯燥无味的神学课程：教义学、教会史、教义问答、教会考古学、宗教法、宗教释义、神学伦理学……修完神学课程后，在他25岁生日那天，即1847年7月22日，他被任命为副主祭司，一年后提升为神父，负责教会医院的传教工作。但孟德尔很少去医院说教，却经常偷空跑到小植物园栽培果树，练习植物杂交的技术。同时又因孟德尔患有轻微神经质病，他在看到病人痛苦情形时，便感到极端的恐惧。于是主教纳帕便改派他到策涅姆大学预科学校当代理教员。在今天看来，这样的任命几乎是不可能的。因为孟德尔没有通过教师甄别考试。但在19世纪的欧洲，教会享有与政府同等的权力，而且有很多学校都是在教会的直接控制之下。这样，1849年9月，孟德尔来到策涅姆大学预科学校任教，讲授数学与希腊语。几年后，又应聘到布尔诺新式学校任代理教员，讲授物理学与博物学。从此开始了他的教师生涯。

到了学校以后，孟德尔简直如鱼得水。他的演说才能使他适宜于当一名教师。他讲课深入浅出，生动形象。他常使用启发式教学方法，如课堂提问方式就饶有风趣。他根据学生学习成绩的优劣而依次将他们编号，每个学生都有自己的号码。若要对36号同学提问，他就说："3乘以8等于24，24加12等于36。现在请36号同学回答问题。"他的这种提问方式不仅使学生上课专心致志，用心听讲，而且也激励学生奋发读书，以保证或争取将自己的号数排在前面。由于孟德尔出色地完成了他所承担的教学任务，因而受到了国家社会道德教育部的通报表扬。

孟德尔对学生有着深厚的感情，从不摆师长架子，学生们都非常乐意接近他。每逢节假日，在他的修道院房间里，总是挤满了学生。这时候，孟德尔感到格外开心，热情地招待他们。对学生们来说，他既是良师，又是益友，凡是受教于他的学生，无不崇敬他。20世纪初，奥国学者伊尔蒂斯为写孟德尔传记而到布尔诺搜集资料时，曾会见过孟德尔生前教过的几个学生。他们怀着崇敬的心情谈论着孟德尔，说他是一个"仁慈的神父，热心的牧师"。著名气象学家利兹纳说："正是孟德尔使我渴望和酷爱自然科学。"

三、维也纳时代

孟德尔一生中的黄金时代是在教育战线上度过的。遗憾的是，他终生未能取得一名正式教员的资格，而只能以代理教员的身份立足于讲坛之上。为了当上一名正式教员，1850年夏，孟德尔参加了在维也纳大学举行的教师转正考试，但是名落孙山。这次考试分两个阶段进行，考生只有第一阶段的考试合格后，才能参加第二阶段考试。孟德尔顺利通过了第一阶段的考试。在第二阶段的考试中，他的物理学考得很好，试题解答论述透彻，逻辑严密，文字流畅，受到大学物理学教授、物理学评卷人冯·包姆加特纳的好评。他在试卷上批阅道："答卷表明考生有着扎实的物理学基础知识，但没有超过传统科学的范畴。"问题主要出在博物学考试中。孟德尔对大学动物学教授、博物学评卷人克诺给出的"哺乳动物的分类及用途"的试题一无所知。最终考试未能通过。

考试的失败，对孟德尔来说是一个不小的打击。但庆幸的是，他结识了包姆加特纳教授。教授认为孟德尔很有物理学天资，因此，1851年暑期前夕，他给纳帕主教写了一封信，建议主教送孟德尔到维也纳大学学习。纳帕接受了教授的建议，这样在同年10月，孟德尔来到了他向往已久的维也纳大学。

孟德尔是在布尔诺的理智风气中成长起来的，到了维也纳后，他更是贪婪地吮吸着知识的营养。他广泛阅读，而最感兴趣的是数学、物理学和生物学。除了学习必修课程，凡是与自然科学有关的学术报告，他都去听，有关自然科学问题的讨论会，他都争取参加。作为一个"进修生"，他的学习时间很有限。他如饥似渴地学习着，从不逛街，不看戏，不听音乐，节假日也不例外。就这样，他在短暂的两年中，学完了一般学生需要三年才能学完的大学基础课程，为未来的事业打下了牢固而又全面的自然科学知识基础。

维也纳时代在孟德尔一生中占有极为重要的地位，可以说是他科学生涯的伟大转折点。他所以能成为一个卓越的科学家，与他在维也纳大学的学习是分不开的。大家知道，维也纳大学是奥地利的最高学府，也是欧洲最古老的大学之一。在这里集中了一大批优秀的科学家。例如，大学理学院院长、物理学教授多普勒是"多普勒效应"的发现者，他在物理学研究方面有着较深的造诣，对19世纪物理学的进展也有透彻的了解。他的科学研究方法不同于当时很多科学家采用的传统的培根归纳法，他首先分析某种自然现象，然后提出一个假设，并根据这一假设确定具体的研究方法，而后设计并进行实验加以证实或否决。孟德尔在大学学习时，多普勒曾带过他的实验物理学课。有段时间，孟德尔还在多普勒实验室做过实习实验员。从多普勒那里，孟德尔不仅学到了一个科学家所必须具备的娴熟的实验操作技巧和敏锐的观察能力，而且还在研究方法上受到了基本的训练。

著名物理学家兼数学家冯·爱汀豪森是孟德尔的数学老师。多普勒逝世后，他接任大学理学院院长，培养出了马赫这个在20世纪初显赫一时的大物理学家。早在1826年，爱汀豪森就出版了《组合分析》一书，孟德尔在大学学习时，曾仔细阅读和认真钻研过这部著作，从中学到了数理统计和概率论的基本知识。爱汀豪森在科研方法上有一个很大的特点，就是喜爱用数学方法来研究所探讨的问题。他相信数学方法可以运用于其他各门自然科学。爱汀豪森的这个思想是很深刻的，它牢牢印记在孟德尔的脑海中。孟德尔后来在植物杂交研究中应用的数理统计方法，多半是从爱汀豪森这一闪光的思想中受到启迪的。

在大学时代，孟德尔最为崇拜的老师是植物生理学教授翁格尔。翁格尔是进化论的先驱者之一。他在1852年出版的《植物学通信》中，就阐述了物种进化的思想，这几乎导致他被解除教授的职务。在教学中，他经常向学生灌输生物变异与进化的思想。他认为，在自然群体中，变异是普遍存在的，细小变异产生变种或亚种，显著变异则形成种间差异。他鼓励学生积极进行植物杂交的实验。为了说明植物杂种的形成和变异的本性，他假定在植物细胞内有某种"要素"的存在，这种"要素"在形成生殖细胞时可以重组，从而产生新的植物品种。不过翁格尔的这种思想只是一种臆测，但对生物学爱好者孟德尔来说，却留下了特别深刻的印象。他在后来的植物杂交研究中,吸取了翁格尔思想的精华,并加以发展,从而形成了自己的杂交遗传理论。

由上可知,多普勒、爱汀豪森和翁格尔等人不仅是传统知识的传播者,而且也是充分注意当代科学发展前沿的科学家。他们的科学思想和科学方法无不对孟德尔产生了很大的影响。孟德尔正是在这些名师的教育与指导下,受到了严格的技术训练和全面的基础培养,学到了这些大科学家进行科学研究的思想方法和工作方法,了解到当代科学发展的状况和突破口,这就使他后来有可能将数学、物理学与生物学结合起来,移植并运用数理方法来研究生物的遗传问题,从而作出了重大的科学发现。

1853年8月,孟德尔结束了维也纳大学的学习生活回到布尔诺。离校前夕,他申请参加了维也纳动物和植物学会,成为该会的最早会员之一。就在这一年,他撰写了他的第一篇论文《一种有害的昆虫——豌豆蠊》,发表在该会主编的杂志上。从论文题目可以看出,在维也纳时代,孟德尔就开始对豌豆植物产生兴趣了。

四、植物杂交的实验及贡献

科学史表明,从18世纪中叶起,欧洲许多国家的生物学者,如瑞典博物学家林奈、法国生物学家布丰、德国植物学家科尔鲁特等,就已进行了动植物的杂交实验。一般来说,这个时期人们进行动植物杂交实验的目的,是围绕"杂交能否产生新种"而做的。到18世纪末,这个问题基本上得到了解决。如林奈本来是个神创论者,他极力主张物种不变论。但通过杂交实验,事实迫使他不得不承认杂交也能产生新种。到了 19 世纪,人们关于动植物的杂交研究,便朝着两个方向发展。一个方向是为了生产实践,即为了提高农作物的产量和培育观赏植物新品种。英国园艺学家戈斯、植物育种家奈特等人的实验就是为此而做的。另一个方向是为了理论研究,即以杂交实验为手段来探讨生物的遗传与变异的奥秘。法国博物学家诺丹、荷兰植物学家盖尔特纳、瑞士植物学家耐格里等人的实验大都如此。虽然这些学者研究目的各不相同,但殊途同归,他们几乎都得到了相似的实验结果。这就是他们在杂交实验中,都观察到了杂种性状的一致性和杂种后代性状的多态性等遗传现象。但为什么会产生这种有规则的遗传现象?或者说,生物性状的遗传是否有规律可循?对于这样的问题,他们当中没有一个人能作出令人满意的回答。因此,"事实无须重新确定,但却需要解释",也就是说,探讨生物性状的遗传问题,已成为 19 世纪的生物学家们迫切需要解决的重大课题。孟德尔正是在这种形势下为适应科学发展的需要而进行植物杂交实验的。

应当指出,促使孟德尔进行植物杂交实验也还有别的因素。例如,对于 19 世纪初生物学界关于"物种是否具有稳定性"问题的争议,孟德尔也很关注。一些生物学家如翁格尔拒绝相信物种的稳定性,认为杂交可使物种发生变异;一些生物学家如盖尔特纳则相信物种有着稳定性,认为物种与变种之间有一条截然分明的界线。翁格尔是孟德尔大学时代的老师,盖尔特纳则是他所崇拜的生物学家。他们之间的对立观点不能不影响到孟德尔。因此,孟德尔从维也纳回到布尔诺后,就着手进行植物杂交的实验,看来与解决这个有争议的问题有着很大关系。

　　孟德尔是在 1856 年开始用豌豆植物做杂交实验的。他从种子商和朋友那里搞到了 30 多个不同的豌豆品种，分畦种在修道院内一块不到 2400 平方英尺的园地里。全部实验都采取正反交的方式，并在严格的人工授粉条件下进行。为了防止风和昆虫可能引起的异花授粉，他将每个经过人工去雄授粉的花都用小纸袋保护起来。到了收获季节，他又将每个实验品种分开收割与储藏，同时记下每个品种植株所结的种粒数。那时候很多人认为：养蜂、嫁接果树是正常的职业，而把豆粒按圆满或皱瘪的形状分别计数，不厌其烦地去统计则是反常的行为。有人甚至讥讽孟德尔这样做"只不过是为了消遣"。但孟德尔相信，"这是我们最后解决问题的唯一办法，而这个问题的重要性在关系到有机体的进化史方面是难以过分估计的"。因此，他对庸人们的嘲笑置之不理，而仍然不厌其烦地工作着。据统计，在整个实验中，孟德尔栽培了数以千计的植株，进行了 350 多次人工授精，数了 10000 多颗圆满或皱瘪的种粒。可以想象，倘若没有顽强的毅力、科学的态度和正确的方法，实验是难以顺利进行下去的。

　　在总结前人实验的经验中，孟德尔清醒地认识到，仅用观察和描述这种单一而又落后的研究方法，要揭示生物性状的传递规律简直是不可能的。他认为，要在前人实验的基础上有所突破，就必须革新现有的杂交研究方法。因此，他在大规模实验中，精心地制定并运用了一整套的科学研究方法。他首先花了两年时间，对用于实验的品种进行"纯系"培育，从中挑选出能够真实遗传而又具有明显性状差异的品种。通过进一步观察,他又从这些具有明显性状差异的品种中,确定了7对易于识别的可区分性状,如高茎植株与矮茎植株、圆形种粒与皱形种粒等等。在确定实验植株的各对区分性状后,他首先观察1对区分性状的遗传,而后才观察2对和2对以上性状的遗传。这样,大约在实验进行到第五个年头的时候,即1861年,孟德尔成功地观察到了杂种的显性现象和杂种后代性状的分离现象。在此基础上,孟德尔通过对实验结果的统计分析,发现每对性状的分离比例都是3∶1,很有规则。为了解释这种有规则的遗传现象,孟德尔提出了他的著名的遗传因子的假说。他假定:植株的性状是由生殖细胞内的某种"因子"决定的,在形成配子时,成对因子彼此分离,不同对因子自由组合、机会均等。运用假说,孟德尔圆满地解释了长期以来人们在杂交实验中观察到的而又无法解释的现象,这在植物杂交实验史上还是第一次。

孟德尔治学态度非常严谨。他虽然以假说解释了已有的实验结果,但他并没有因此而满足。为了检验假说的科学性,他设计了一种"回交"实验,也就是用杂种同纯合亲本类型杂交。回交实验的结果同预期值相等,因而证明了假说的正确性。

因此,到了1863年,孟德尔已经形成了他的遗传理论。可他还没有急于将自己的实验结果公布于世。因为他感到他的理论"是很难同当代的科学知识相吻合的,因而在没有得到其他植物品种的实验证实之前,发表这样孤立的实验结果,无疑有着双重的危险,对实验者本人和他所从事的事业都有危险"。所以他在1863年后,又用玉米、菜豆等植物品种做杂交实验,以便"确定在豌豆属里发现的发育规律是否也适应于其他植物品种"。在这些推广实验中,不少植物杂种的发育是遵循着豌豆属中同样的规律的,这就证明了他的遗传理论对于许多植物品种也是适用的。

1864年秋,作为中学代理教员的神父孟德尔结束了他的大部分实验。在此前后,他经常同好友、布尔诺自然科学协会主席耐塞尔谈论他的实验进展情况。耐塞尔是一个气象学家,他并不理解孟德尔实验的重要意义,但却很感兴趣。在他的鼓励与支持下,1865年2月,孟德尔在布尔诺自然科学协会的一次会议上,报告了他用8年时间在豌豆杂交实验中所得到的成果。这是他有生以来第一次面对着数十名专家、学者和教授所做的学术演讲。会员们很有兴趣地听取了孟德尔的报告,但却不理解报告所说明的内容。会上无人提问,会后也没有讨论。尽管如此,学会还是要求发表孟德尔的演讲稿。1866年初,孟德尔在重新核对了实验记录并发现无误后,便以《植物杂交的试验》为题,将其发表在布尔诺自然科学协会的会刊上。

《植物杂交的试验》是遗传学史上最重要的经典论著之一。1900年,这部著作被重新发现后,曾被译成英文、法文、俄文等好多种文字出版。我国林道容先生于1936年第一次将它译成中文由上海商务印书馆出版。1957年,吴仲贤先生重新校译了这部著作,由科学出版社出版发行。这部著作不过三万字,但它如实记载了孟德尔的历史性功绩,集中体现了孟德尔对现代遗传学乃至整个生物学所做的杰出贡献。

首先,正是在这部著作中,孟德尔最先明确提出了杂种性状的分离律和自由组合律,即(3∶1)"的遗传法则,最早以科学的假说解释了这一现象,从而揭示出了生物遗传的基本规律。从此,遗传与变异的秘密被揭开了,以前被认为由某种魔力决定的神秘的遗传与变异问题,现在被看作某种物质因子独立分离和自由组合的结果,使人们对生物遗传与变异的认识由神学进到科学。科学史也已证明,孟德尔所阐明的生物遗传的基本规律,不仅奠定了现代遗传学的科学基础,而且在农学、医学、人类学、园艺学等方面也得到了广泛的应用,大大促进了这些学科的发展。特别是20世纪40年代以来,人们将孟德尔定律同分子生物学结合起来,发展了标志着生物学革命的分子遗传学。如果说现代遗传学能以神奇的速度发展起来,成为20世纪自然科学中思想最活跃、成就最卓著的带头学科之一,那么追根溯源,不能不归功于孟德尔的重大发现。

其次,正是在这部著作中,孟德尔初步形成了他的颗粒式遗传理论,这无论对遗传学还是对生物进化学说都有着重大的理论意义。我们知道,在19世纪的生物学界,融合性遗传是一种非常时髦的理论。达尔文以及达尔文主义者不仅用它来解释生物的生殖和遗传,而且还用它来说明生物进化的机理。但是按照这种理论,杂种形成时,精卵细胞所携带的遗传物质便会发生融合,亲代发生的变异到了第十代就会全部消失,自然选择就不可能发生作用,生物也就没有什么进化可言。这显然是达尔文学说的一个大漏洞。达尔文失足的地方,孟德尔获得了成功。孟德尔的遗传理论表明,遗传是颗粒式的,而不是融合性的,这种颗粒式物质结构各自具有相对独立性,它们在形成配子和受精过程中只彼此分离和自由组合,但绝不发生融合。因此变异在杂交之后并不消失，而是一代一代地保留着，虽然有时并不表现出来。只有这样，自然选择才可能把变异积累起来形成新种，物种也才能不断进化。显而易见，孟德尔的这种颗粒式遗传理论不仅代表了遗传学的正确发展方向，现代遗传学已经证明孟德尔因子即基因是一种独立的结构单位，有点像念珠，它以线性方式排列在染色体上；而且也弥补了达尔文进化论的一大缺陷，充实和发展了达尔文学说。

最后，正是在这部著作中，孟德尔总结并提出了一整套科学的杂交研究方法，如纯系培育、性状分类、回交实验等等。特别是他开创性地引进和运用了数理统计方法来研究生物的遗传问题，从而把遗传学的研究从单纯的观察和描述推进到定量的计算分析，为现代遗传学的研究奠立了方法论基础。因此，在某种意义上说，孟德尔的科学研究方法，对于促进生物科学的发展，其意义并不逊色于他所发现的生物遗传的基本规律。正如美国学者邓恩指出的："对于生物学思想的发展来说，孟德尔的证明方法意义更为重大。"

此外，也正是在这部著作中，孟德尔在阐述质量性状遗传的同时，也提出了数量性状遗传的思想。他在菜豆实验中，发现菜豆花色的遗传不同于豌豆属，杂种后代的花色除了红花和白花，还有浅红、紫红等一系列过渡的类型。对于这种现象，孟德尔是用因子的组合作用来解释的。他假设红花菜豆的花色是"两个以上完全独立的颜色的组合"，即 $A=A_1+A_2+\cdots\cdots$，它同开白花的矮菜豆一样授精后"就会产生杂种组合 $A_1a+A_2a+\cdots\cdots$"。因此，杂种 A_1a 和 A_2a 两个系列的组合，"一定要产生一个完整的颜色系列"，即 $(A_1+a)^2 \times$

$(A_2+a)^2=1A_1A_1A_2A_2+2A_1A_1A_2a+2A_1aA_2A_2+4A_1aA_2a+1A_1A_1aa+1A_2A_2aa+2A_1aaa+2A_2aaa+1aaaa$。他指出，在这 9 个不同的组合类型的系列中，每个类型所含的因子不尽相同，因而它就代表着不同的花色。

由此不难看出，孟德尔的上述实验结果和说明，同 42 年后即 1908 年瑞典遗传学家尼尔逊·爱尔用多因子假说（后来发展成为微效多基因理论）来解释小麦种子颜色的遗传是十分类似的。现在我们已经知道，尼尔逊·爱尔是在孟德尔著作被重新发现后，"第一个试图运用孟德尔的方法来改良农作物品种的研究者"。看来，他一定读过孟德尔的论文，或许从中受到启发，从而创立了数量遗传学。因此，从这点来说，孟德尔对菜豆花色遗传的分析，已经包含有数量性状遗传思想的萌芽，他是提出数量性状遗传思想的先驱者之一。

五、性格倔强的主教，兴趣广泛的科学家

1868 年 4 月，孟德尔在教育战线上度过了十六个春秋之后，离开了布尔诺新式学校——他要回到修道院就任主教之职。他结束了教师生涯，但他的科学生涯却始终没有结束。这年 5 月，他在给耐格里的信中写道："最近，我的生活发生了意外的变化，我这个默默无闻的人被神父们推选为终身主教。这样，我由一个普通的实验物理学教员的职务来到了对我来说是非常陌生的领域。我担心要熟悉这一工作将花费很多的时间和精力，但这不会阻止我继续进行我所喜爱的杂交实验；一旦我熟悉了新的工作岗位，我甚至希望能用更多的时间和精力去从事这种实验。"孟德尔是这么说的，更是这

样做的。他在担任主教后，并没有中断他的科学研究活动。一方面，作为一个大主教，他担负着"神圣的"宗教职责；另一方面，作为一个科学家，他仍坚持他所喜爱的植物杂交的实验和气象学等研究。

孟德尔晚年进行的实验，主要有毛蕊花、耧斗菜、水杨梅、紫茉莉、山柳菊、野豌豆、石竹等植物品种的杂交实验。其中比较著名的并对孟德尔科学生涯有着巨大影响的是山柳菊杂交实验。这个实验花费了他近十年的时间和相当大的精力，但实验结果却使他感到很失望。因为山柳菊属杂种行为同豌豆属迥然不同，大多数杂种都能纯一传代。这种反常的现象使孟德尔感到困惑不解。1870年7月，他在致耐格里的信中指出："我发现山柳菊的杂种行为完全不同于豌豆属的杂种，不禁感到十分奇怪。我们在这里讨论的显然是仅仅遵循更高一级、更一般规律的个别现象。"在这个实验中，孟德尔也得到了一些稳定的杂种，但总的说来，实验是不成功的。实验失败的原因现在很清楚，主要由于山柳菊属某些品种是"无融合生殖"，即雌雄配子不发生核融合，因此，杂种后代当然不可能发生分离现象。山柳菊属的这种生殖特点，在当时是全然不晓的。只是到了1910年，瑞典植物学家奥斯登菲尔德和劳恩基亚尔才揭开这个谜。19世纪70年代初，孟德尔就山柳菊杂交实验的结果，写了一篇题为《人工授精得到的山柳菊杂种》的论文，发表在布尔诺自然科学协会的会刊上。

孟德尔是一个兴趣广泛的科学家。他在从事植物杂交实验的同时，还对气象学、园艺学、天文学也保持着相当浓厚的兴趣。尤其是他对气象学的研究，一直持续到他生命的最后时刻。

同植物杂交的实验一样，孟德尔的气象学研究也始于1856年。19世纪60年代后，他便给气象学家、维也纳中央气象学院奥勒西克当助手，负责观察布尔诺地区气象情况。他研究气象学的仪器很简单，只有一个温度计、一个湿度计、一个气压计和一个雨量计。他就是用这些简陋的仪器，在学校以及后来在修道院里数十年如一日，坚持观察和研究。19世纪70年代前后，孟德尔陆续发表了不少有关气象学的观察资料和研究论文，引起了国内外气象学界同行的注意。其中最为重要的一篇论文，是他于1871年撰写的《1870年10月13日的龙卷风》，它刊在布尔诺自然科学协会的会刊上。在论文中，孟德尔认为龙卷风的发生并不是什么鬼神的作用，而是大气层中两股反向流动的气流相冲突的结果。很可惜，尽管孟德尔的这一观点同现代气象学关于龙卷风的成因的说明极为相似，但在当时未引起科学界的重视。孟德尔之后，气象学家们一方面抱怨前人对于龙卷风的解释不那么"令人满意"，另一方面却又不去阅读孟德尔的论文，这也是令人费解的事实之一。

除进行植物杂交实验和气象学研究外，孟德尔也曾一度致力于园艺学的研究。他出生于乡村农艺世家，父亲安顿有着娴熟的果树嫁接技术，是当地有名的果树嫁接能手。受家庭的影响，孟德尔自幼就对园艺学颇感兴趣。到了修道院后，他曾广泛搜集有关园艺学的书籍，刻苦攻读过果树栽培学和植物育种学。他把祖辈的好传统也带到了修道院，培育出了不少观赏植物和有核果树新品种。1859年，在布尔诺举办的奥地利全国观赏植物新品种展览会上，孟德尔送展的优良品种格外引人注目，受到了有关专家的好评。此后，孟德尔在园艺学界名声大震，先后被国家和摩拉维亚地区聘请为有关园艺学博览会的评委和主持人。晚年，他还荣获过奥地利皇家园艺学会颁发的勋章。

孟德尔晚年遇到了一个"不幸的事件"，这就是他因拒绝缴纳新的牧师税而与政府发生了激烈的冲突。按照帝国议会1874年春通过的一项征收新的牧师税的议案规定，孟德尔的修道院每年要上缴新税7300多弗罗林，这差不多等于修道院全部财产的十分之一。孟德尔对此表示强烈反对。他向政府提出申诉，要求撤销议案，或者减少税收。他的申诉得到了几乎所有地方教会的主教们的支持，形成了一股与政府对抗的力量。1876年，帝国政府不得不出面干涉。他们软硬兼施，胁迫孟德尔撤回申诉。但孟德尔天性执拗，软硬不吃，拒不缴纳新税。这样，他与政府的关系逐渐恶化起来，结果导致政府查封了修道院的财产。这场冲突持续了10年，那时候在奥地利全国，差不多没有一个人不知道孟德尔这个"性格倔强的主教"。持续10年的冲突不仅严重影响了孟德尔的身体健康，同时也耗尽了他晚年的大部分时间和精力，使他过早地中断了植物杂交的实验。这对孟德尔来说，确实是一个"不幸的事件"。

孟德尔的晚年是很凄惨的。他终生未婚，孑然一身，过着孤独寂寞的生活。学术上的不得志、山柳菊实验的失败、与政府关系的恶化……一连串的打击使他常常郁闷和忧愁，他的身体逐渐垮了下来。1883年圣诞节后，他的慢性肾炎病再次复发。他经受着失水的折磨，但却很少呻吟。他大部分时间是躺在沙发上，只是感到困倦时才上床睡觉。1884年1月4日，孟德尔抱病做完最后一次气象学观察和记录后，心脏病又一次打击了他。1月6日凌晨，当服待他的修女整理他的床褥时，发现他靠在沙发上溘然长逝了。

1884年1月9日，布尔诺修道院为孟德尔举行了葬礼。参加葬礼的有当地政府的官员和教会的高级人士，有天主教神父和修女，还有布尔诺各个自然科学协会的代表以及数千名穷苦人。他的遗体被安葬在布尔诺中心公墓。这天，《布尔诺日报》发布了孟德尔逝世的讣告，并写下了如下的颂词：

> 他的逝世使穷人失去了一位捐赠人，使人类失去了一位品质高尚的人、一位热心的朋友、一位自然科学的促进者、一位模范的神父。

是的，孟德尔确实是一位人民的朋友。在他担任主教期间，他每年都将修道院的部分岁收施舍给穷苦人。19世纪70年代后，他还出任摩拉维亚地区孤儿收养院院长。至今在摩拉维亚地区还流传着这位"好心的主教"如何捐款资助穷人的故事。

孟德尔富有正义感，思想激进，对当时奥国政教合一的专横制度表示不满。1848年，欧洲爆发了资产阶级革命，维也纳人民为反对哈登斯堡王朝的黑暗统治，举行了著名的"三一三维也纳起义"，孟德尔对这场革命表示同情。晚年，他思想日益"自由化"，成为激进的资产阶级政党——德意志自由党的一名追随者。在1872年大选中，他公开投票支持自由党，这对于一个天主教主教来说，确实是很不寻常的。

孟德尔是一位杰出的科学活动家,他参与创建了奥地利气象学会和布尔诺自然科学协会,是这两个学会的最活跃成员之一。他先后出任过摩拉维亚地区农艺学会、养蜂工作者协会、园艺工作者协会和布尔诺自然科学协会的主席、副主席等职务,并多次以学者身份出国参观访问。他对促进奥国自然科学的发展和增进奥国同欧洲其他国家的学术交流做出了积极的贡献。

作为一个科学家,孟德尔留给后人的著作并不多。他不是多产作家,一生中只写过十几篇论文,而且几乎都被人们忽视。这是遗传学史乃至科学史上的一大憾事。

六、"我的时代一定会到来"

1866年,孟德尔的论文发表后,并未引起科学界的注意和重视,他感到很失望。这年12月31日,他写信给欧洲植物杂交研究的大权威耐格里,随信附有他的论文和一些豌豆杂种种子,希望得到耐格里的赞同与支持。但事与愿违,孟德尔得到的却是近于否定的回答。耐格里以他在生物学界的显赫权威而对孟德尔的工作保持沉默,显然直接影响了生物学界的其他学者。但孟德尔坚信他的理论对于生物进化学说有着"难以过分估计的意义",他对好友耐塞尔说:"我的时代一定会到来。"

可是,事实上,"孟德尔时代"的到来,经历了一个非常曲折复杂的过程,他的科学成就是在被埋没了35年之后,才为人们所重新发现。

我们知道，在 19 世纪，除了耐格里，至少还有四位科学家，如德国生物学家霍夫曼、福克，俄国生物学家施玛尔豪逊和美国学者贝利看过孟德尔的论文；同时，刊有孟德尔论文的布尔诺自然科学协会的会刊，被赠送给国内外 120 多个科研机构和高等院校，如英国皇家学会、法国科学院、美国的哥伦比亚大学和国内的维也纳大学等。但当时的科学家，其中包括耐格里在内，谁也没有识别出孟德尔论文的科学价值，竟让这个在遗传学史上具有划时代意义的发现，在人们的眼皮底下溜过。人们不禁要问：为什么孟德尔的重大发现会长期无人问津，以致被埋没了 35 年之久呢？

如前所述，在孟德尔时代，很多生物学家都把融合性遗传理论奉为经典，而孟德尔则提出了完全不同于融合遗传的另一种理论——颗粒式遗传。这种理论超越了他的同时代的人，使得当时的生物学家难以看出它的重要意义。因为在他那个时代，科学上还没有弄清细胞的减数分裂和生物受精的详细过程，染色体学说尚未建立，他所假定的遗传因子还不能在实验上得到确证。科学的发展还没有为人们认识孟德尔理论准备好条件，这是孟德尔的发现被埋没的根本原因。

孟德尔的杂交研究方法和论文的表述方法不同于传统的生物学研究方法，这给人们认识他的理论带来了一定的困难。大家知道，19 世纪的生物学还纯粹是一门描述性科学，它的主要研究方法只是观察和实验，进行定性分析。这个时期的生物学家还几乎没有运用过数学方法来研究生物学问题。只是孟德尔在他的杂交研究中，才开创了运用数学方法来研究生物遗传规律的先河。正因为如此，当时的生物学家们对孟德尔运用的数理统计方法感到新颖和陌生。他们没有认识到数学在生物学研究中的重要作用，因而对孟德尔运用数学方法来研究生命现象觉得不可思议，对他所表述的生物的遗传为概率定律所支配也就感到不可理解。

孟德尔论文是在达尔文巨著《物种起源》出版不到7年之际问世的，当时的科学界，特别是生物学界正处于"达尔文热"时期，人们的注意力主要集中在生物进化问题上。因此，生物学研究的一些分支无疑地被人忽视了，甚至被忘却了。另外，当时很多生物学家在达尔文的影响下，都把生物的进化仅仅归结为自然选择的结果，而没有认识到杂交也是生物进化的一种动力，因此他们也就不能理解孟德尔理论对生物进化学说的重要意义。

孟德尔理论的局限性和不足之处，也是造成人们忽视他的科学发现的一个重要原因。其一，孟德尔理论只适用有性生殖的生物，而对无性生殖的生物则不适用。他的山柳菊杂交实验就是一个明显的例外。因此，长期从事山柳菊杂交实验的耐格里，就根本不承认孟德尔理论的普遍意义。在他看来，孟德尔所发现的遗传定律"只不过是经验的现象，因为它还不能被证明为是合理性的"。其二，孟德尔在论文中提出了性状不变的观点。他认为，杂种的性状总是不加改变地传给后代，并在后代中保持稳定，不再发生变异。因此，他主张杂种的稳定性、间断性和独立性，否认杂种的变异性、连续性和流动性。这显然同达尔文关于物种变异的观点相抵触。所以那些信奉进化论的博物学家，会有倾向性地把孟德尔理论看作"物种不变论"的变形和延续，因而也就不可能接受他的理论。

孟德尔发表论文时，只是个默默无闻的神父兼中学代理教员，职业的偏见和狭隘的思想，使当时的生物学家们很难相信这样一个"小人物"竟能发现一些大科学家未能发现的生物遗传的规律。本来，耐格里是最有可能使孟德尔的发现得到社会承认的人，这不仅在于他直接看过孟德尔的论文，并同孟德尔保持了长达 8 年的通信，而且他的研究方向和研究方法与孟德尔也很相近。但他对孟德尔的工作始终保持沉默，在他有关遗传的论文和著作中，他从未提及过孟德尔。其原因可能还在于他认为孟德尔不是生物学家，而只是一个"科学同路人"。他曾说过："有机体的起源问题是植物生理学中一门高超的学问，只有那些在最模糊的专业领域能够作出正确判断的人，才能探究这个问题。"耐格里的这种观点，显然代表着当时很多生物学家的看法。所以在孟德尔逝世时，人们只想到他们埋葬的是一个仁慈的主教，而根本没有想到他是一个卓有成效的科学家。

但是，科学规律是不可能永远被埋没的。20 世纪初，经过差不多整整一代人的共同努力，人们终于重新发现了孟德尔遗传定律，使被埋没了 35 年之久的孟德尔著作重见天日。孟德尔的预言为历史所证实。

19 世纪下半叶，细胞学有了很大的发展。继比利时胚胎学家贝纳登于 1883 年第一次系统阐明了卵成熟与受精的详细过程后，德国生物学家鲍维里、魏斯曼和亨肯等人先后发现了细胞的减数分裂方式。1888 年，沃尔德耶确立了染色体概念，而鲍维里首次提出了染色体个体学说。19世纪末，科学家又发现了在细胞分裂前期的染色体联会现象。此后，鲍维里和美国学者萨顿根据已发现的细胞学事实，各自提出了孟德尔因子位于染色体上的观点，从而建立了遗传染色体学说。至此，人们重新认识孟德尔理论的时机已经成熟，剩下要做的事就是如何重视孟德尔的遗传定律。

在这方面，有三位科学家的工作起了至关紧要的作用。他们是荷兰的德弗里斯、德国的科伦斯和奥地利的丘尔玛克。正是这三个人的工作，最终揭开了重新发现孟德尔遗传定律的帷幕。

德弗里斯是第一个重新发现孟德尔遗传定律的人。他在1893—1899年做罂粟、报春花等品种的杂交实验中，发现了杂种的分离律。1896年左右，他从贝利的《植物育种》一书的参考文献目录中，知道了孟德尔的论文，并立即找来进行了研究。但他天真地相信自己的工作超过了孟德尔，"他将孟德尔的工作与自己的发现相比较时，低估了前者的意义"。因此，他在1900年春差不多同时完成的法文论文《关于杂种的分离律》和德文论文《杂种的分离律》初稿中，一处也没有提到孟德尔。但在法文论文寄往法国科学院后不久，发生了一件意外的事情：他的朋友贝捷林斯克给他寄来了一份孟德尔的1866年论文的油印本。此时，德弗里斯感到有必要在德文论文中加进一些有关孟德尔工作的字句。于是他重新修改了德文论文，在结语中作了如下的说明："这项重要的研究（《植物杂交的试验》）竟极少被人引用，以致在我总结我的主要实验并从实验中推导出孟德尔论文中已经给出的原理之前，竟然不知道有这项研究。"1900年4月,《德国柏林植物学会学报》发表了德弗里斯的论文《杂种的分离律》,首次公开宣布孟德尔遗传定律被重新发现了。

在德弗里斯的论文公开发表之前,杜宾根大学讲师科伦斯在豌豆杂交实验中,也发现了孟德尔分离律。1899年冬,他从福克的著作《植物杂种》中了解到孟德尔的论文。他觉得,在知道孟德尔论文的情况下,他的工作并不是开创性的,而只不过是"再发现"而已。翌年4月,他完成了他的经典论文《关于种间杂种行为的G.孟德尔的定律》,明确表示他用自己的实验证实了孟德尔发现的遗传定律。

丘尔玛克是三位重新发现者中最年轻的科学家。他在1898年进行的豌豆杂交实验,本来是用以验证达尔文关于杂交授粉和自花授粉的效应问题,但他意外地得到了孟德尔式的分离比率。像科伦斯一样,他也是在1899年冬读了福克的著作之后,才知道孟德尔论文的。1900年4月,他看到德弗里斯的论文后,匆忙赶写了一篇题为《豌豆的人工杂交》的论文。5月,他将论文寄给德国柏林植物学会,同科伦斯的论文一起发表在该会的学报上。

这样,在1900年年初,德弗里斯、科伦斯和丘尔玛克三位科学家,几乎同时各自独立地发现了孟德尔遗传定律。三位重新发现者的工作表明,在相同的实验条件下,自然定律一定会不断再现出来。同时它也启示人们:一个优秀科学家所做的事,其他科学家也能做到。

可是,尽管《德国柏林植物学会学报》和《法国科学院记事录》都发表了德弗里斯等三位科学家的论文,但并未"轰动整个生物学界"。只是在英国生物学家贝特森看到孟德尔论文后，通过他的热情宣传，孟德尔理论才在欧美各国广泛传播开来。

贝特森是在 1900 年 5 月从德弗里斯寄给他的论文中了解到孟德尔工作的。他很快从皇家学会资料馆中找到了孟德尔的论文，并在前往出席皇家园艺学会的会议途中看完了它。他感到，"孟德尔对实验结果的说明是精确而又完备的，他从实验中推导出来的原理，对于人们研究生物的进化问题有着重大的意义"。5 月 8 日，贝特森在大会上作了题为《作为园艺学研究课题的遗传学问题》的演讲，他结合德弗里斯的论文，着重介绍了孟德尔的实验。这样，出席皇家园艺学会的会员们第一次听到了孟德尔的名字，知道了孟德尔的工作和他的发现。从这以后，贝特森以极大的热情来宣传、传播孟德尔学说，他立即将孟德尔的论文译成英文，将其发表在皇家园艺学会的会刊上。正是这篇译文，使得孟德尔的论文首先引起了英语国家中科学家的注意，继而在世界各国产生了巨大的反响。许多国家的生物学者重做了孟德尔的若干实验，几乎都得到了与孟德尔相似的结果。同时，贝特森和库纳特经过用家禽和小家鼠作杂交实验，证明了孟德尔定律对动物界也是适用的。

由此，孟德尔获得了国际性的声誉。由于有了孟德尔的发现，一门新的学科——研究生物的遗传与变异的科学——遗传学诞生了，孟德尔被誉为遗传学之父。他所期待的时代终于来到了。为了纪念这位成就卓著的科学家，1910 年，世界上 150 多名知名学者倡议并捐募，在布尔诺建立了一座孟德尔纪念碑，碑文上写着：

研究者 G. 孟德尔神父

1822—1884

科学界的朋友

1910 年敬立

　　一百年过去了，孟德尔的科学成就作为最优秀的科学遗产之一，已被综合进人类的知识宝库之中，孟德尔作为一个伟大的科学家将永垂科学史册。

（作者：张青棋）

华莱士

达尔文的"骑士"

阿尔弗雷德·拉塞尔·华莱士

(Alfred Russel Wallace, 1823—1913)

自然选择原理是当代生物进化论的灵魂，早期达尔文主义者们正是由此出发，揭开了人类博物科学—生物学领域科学革命的序幕。这一原理的发现者是科学史天空中一对著名的双子星：达尔文与华莱士。主星达尔文光彩夺目，伴星华莱士却鲜为人知，例如在国内，他的名字只偶尔出现在比较通俗的科学史叙事中，成为达尔文的一个影子。事实上，华莱士在维多利亚时代的曙光与暮色之间度过的漫长一生是非常精彩的。他通过刻苦自学与不懈奋斗，从社会底层脱颖而出，与达尔文分享了科学王国中一块重要的领地，也获得了为社会正义呐喊的话语权。他以宣扬、捍卫"达尔文主义"为己任，又是欧文主义乌托邦理想的追随者，他察觉到"自然选择"与"社会进步"之间的可能矛盾并试图求助风行于当时的"灵学"化解之。在他自己的时代里，华莱士扮演了科学家、灵学家、意见领袖等多重角色，这也为他在后世成为"达尔文法庭上的异端"埋下了伏笔。

一、成长之路

阿尔弗雷德·拉塞尔·华莱士于 1823 年 1 月 8 日出生在威尔士的阿斯克，据说他的家族血统可以追溯到 13 世纪的苏格兰英雄威廉·华莱士。他的父亲年轻时曾是一位绅士，母亲也出身名门，但在他出生时家道已经中落。1836年，华莱士从一所拉丁学校退学，开始为生计奔波。他先后跟着两个哥哥做学徒，社会成为他最好的大学。在"技工学会"中，他了解到工人阶级普遍的生活状况与政治诉求，接触到欧文的乌托邦思想，并在激进主义者潘恩《理性时代》的影响下对传统教会产生怀疑，成为不可知论者。通过阅读科姆的作品，他还对颅相学等早期"心理科学"产生了浓厚兴趣。从土地测量员大哥威廉那里，他学到了测绘技术以及地质学、化石方面的常识。当时正值英国博物学的黄金时代，华莱士也加入到自然爱好者的行列，利用野外工作的便利，在分类学书籍的指导下采集标本。1844年，因测量业不景气，华莱士离开大哥，凭借勘测、绘图与文字能力在莱斯特找到了一个收入不高的教职。在当地图书馆，他读到洪堡、马尔萨斯等人的重要著作，并结识了一位擅长采集甲虫的学徒——后来的昆虫学家贝茨，由此进入了本地业余博物学家的小圈子。在莱斯特，华莱士还通过霍尔的催眠术讲座第一次接触到"心灵研究"，这成为他"智识成长的一个重要部分"。1845年，威廉意外离世，华莱士辞去教职，接手了他在尼斯的土地测量生意，间或与二哥约翰一道接一些土木工程项目。其间他跟贝茨保持着通信往来，继续开展博物学研究。1847年4月，《动物学家》杂志介绍了他发现的一种虎皮斑金龟，这算是他第一个正式的"科研成果"。

1844年，钱伯斯匿名出版《创世自然史的遗迹》（以下简称《遗迹》），成为以自然主义（自然神学）眼光公开探讨生物进化的第一人。此前，康德－拉普拉斯的星云假说所涉及的无机界进化问题已经引起英国公众的广泛兴趣，但有机界进化问题却还是一个禁区，《遗迹》首次打破了这个禁区，提出一种以物种演变与个体发育相类比的生物进化论，立刻激发起社会大众阅读讨论的热潮。华莱士恰巧席卷其中，钱伯斯的理论为他指明了继续探索的方向。在1845年12月28日致贝茨信中，华莱士写道：

> 看来我比您更欣赏《遗迹》一书，我认为它并非匆忙概括的产物，倒是一种天才的假说，能够得到一些惊人证据及类比的有力支持，但还有待更多证据证明，未来的研究将投射更多光芒到这一领域。无论如何，它为每一位自然的观察者提供了关注的课题：他们观察到的每一事实都必将支持或反对它，由此为采集提供激励，也为应用采集到的事实提供目标。我观察到许多杰出作家都极为支持动植物物种进步式发展的理论，与此课题直接相关的是一项非常有趣的哲学工作。

进化论在当时是一种激进的思想观念，因为生物"进化"有可能为社会"进步"提供科学依据，它得到改革派人士的认同。此时华莱士奋斗在社会底层，对社会等级制与贵族世袭制相当不满，作为欧文主义的信徒，他积极寻求凭借知识改变命运的办法。《遗迹》几乎是钱伯斯专门写给华莱士的书，使他当即成为一名进化论者。应该说，华莱士生活在英国极其辉煌的年代：1832年"改革法案"通过，工业革命在政治改革促进下勇往直前；"交通领域的工业革命"兴起，印花税的废除与印刷技术的创新又为言论自由与知识传播铺平了道路。1837年维多利亚女王登基，"日不落帝国"进入全盛期。与此同时，海外市场与殖民地的扩张也拓展了博物学家的活动范围，远洋科考盛行起来。在洪堡、达尔文等人游记的激励下，华莱士决定放弃测量业，到向往中的热带地区从事探险采集工作。旅行的时机渐渐成熟了，华莱士约上贝茨同行，出行前他在信中写道：

> 我开始感到对仅有本地的采集品相当不满足——从中学不到什么东西了，我真想搞到一个科，彻底地——主要是带着物种起源理论的观点进行研究。

经过一番必要的准备与训练，两人扬帆远行，于1848年4月26日到达南美的帕拉。他们即时将标本复本运回国内出售，开始了职业博物学家的生涯。然而这对搭档四个月后就在亚马孙丛林中分道扬镳了，原因不详。华莱士在亚马孙流域浪迹四年，通过考察物种地理分布为进化论寻找证据。1849年6月，华莱士的弟弟赫伯特也追随而来，但他在探险兴趣和采集能力上都不及哥哥。1850年8月，华莱士北上内格罗河，赫伯特返回帕拉准备回国，在这里赫伯特遇见了包括鞋子在内被助手洗劫一空的落魄的贝茨。1851年6月2日，赫伯特遭受到热带黄热病的袭击，虽然有贝茨悉心照料，最终还是被夺去了生命。险恶的状况还没有完，1852年7月12日，伤痕累累的华莱士启程回国，途中他乘坐的"海伦号"突然起火沉没，珍贵的标本和手稿几乎都被毁掉了，一行人在救生艇上度过了惊心动魄的 10 天，幸运地被过往的"乔丹森号"救起，而这艘船在安全性和储备方面也存在问题。10 月 1 日，九死一生的华莱士终于回到英国。经过四年的历练，一位杰出的博物学家已经成长起来了。

二、发现"自然选择"

离开南美时华莱士发誓不再远行，但上岸后他又萌生了到安第斯山或菲律宾群岛探险的念头。经纪人斯蒂文斯为华莱士兑现了一笔 200 镑的保险金，并带他出席伦敦昆虫学会的会议，他的工作得到了与会同行们的称赞。凭借残存资料和记忆，华莱士一年之内出版了 2 本书，发表了 6 篇论文。在《亚马孙流域蝴蝶的习性》一文中，他指出，"我们可以认为那些专属某一区域的昆虫是最年轻的物种，即处在动物形态一系列漫长演变的最后阶段"。他开始跻身科学界，定期参加昆虫学会、动物学会及地理学会的活动，专业素养提升很快。1854 年年初的一天，华莱士第一次遇见了达尔文，当时他正在大英博物馆研究马来群岛的昆虫并为下次出行做准备。两人短暂交谈了几分钟，谁都没想到日后还会有一场意义重大的进化论会师。

1854 年 4 月 20 日，华莱士抵达新加坡，开始历时 8 年的马来群岛之旅。这次他身边带着一名 16 岁的助手查尔斯，两人分工协作，到 5 月底已经寄给斯蒂文斯大约 1000 件标本。群岛上物种繁多，华莱士几乎每天都有新发现。受仍在南美的贝茨的启发，华莱士也开始发表他的考察报告,两人的工作进展一度走在英国动物学界的前沿。在领略自然界生物多样性的同时,华莱士始终关注物种问题,此时他手中又多了一件强大的理论装备:赖尔的均一论。在达尔文主义的形成过程中,均一论影响巨大,它"尝试用现在起作用的原因解释地球表面从前的变化"(赖尔《地质学原理》的副标题),反对地质学研究中的特创论解释,在科学方法论上非常富有启发性。科学史家鲍勒曾评论道:"赖尔是一位施洗者约翰,他被派来为达尔文最终战胜自然神学与基督教历史观预备了道路。"对于华莱士,赖尔同样是一位领路人。在马来群岛,华莱士身边带着一本第四版的《地质学原理》,在笔记中,他一直在思考赖尔关于环境渐变—均变影响生物分布的观点,并在想象中与其展开讨论。华莱士将均一论运用到求证进化论的田野实践中,渐渐从亲缘物种的分布规律上质疑起赖尔非进化论的"物种引进"观:

> 赖尔坚持认为,通过外部环境改变,一个物种不可能转变为另一个物种,因为当环境发生改变时,已经适应这种新环境的物种就会前来替换掉原来的物种。但是这意味着,这种物种更替将是急速而非渐进的。

然而在考察途中,华莱士搜集到越来越多的物种渐进更替的证据。1855年,华莱士发表论文《制约新物种出现的规律》(以下简称《规律》),在一系列地理学—地质学命题的基础上,总结出自然界物种分布的规律:

每一物种的出现在空间与时间上都对应着一个此前存在的亲缘物种。

这条规律是对进化现象的静态描述,由此得到一幅生物之间相互联系的树状亲缘图谱:物种是那样繁多,形态与结构的改变又如此不同,大量物种可能作为现存物种的原型物种,如此造成了一系列繁复的亲缘线分支,像老橡树的嫩枝或人体的血管系统一样错综复杂。

《规律》发表后,华莱士向达尔文探问国内学界的反应,两人开始建立通信联系。达尔文在信中承认两人想法接近,还告诉他赖尔与布莱斯都曾提醒自己注意这篇论文,但他没有透露已发现自然选择原理的秘密,只是说他比华莱士走得更远。实际上,赖尔为《规律》到唐恩找过达尔文,提醒他华莱士"似乎在采取自然选择理论的解释",但达尔文低估了华莱士的工作效率,又顾虑发生类似《遗迹》遭到围攻的情况,还是没有下定决心推出他的"物种大书"。然而华莱士的脚步很快,1858年1月4日,他在信中向贝茨透露了自己的计划:

我很荣幸收到达尔文的信,信中说他同意我文章的"几乎每一个字"。现在他准备出版关于变种与物种的巨作,20年来他一直在收集资料。如果证明自然界物种与变种的起源没有差别,那么他可以省去我写作假说第二部分的麻烦。如果他得出另一结论,我就麻烦了。但无论如何这将对我的工作有所促进,您和我的采集也将提供最有价值的材料,用来揭示与证明这一假说的普适性。

《规律》已经考查了进化可能是"怎样"的,而这里的"第二部分"则涉及进化是"如何发生"的问题。1858年的论文《论变种无限远离原种的倾向》(以下简称《倾向》)推进了这一步。根据华莱士本人回忆,当时他停留在特尔纳特,正经受着间歇热的折磨,"某件事"使他想起了马尔萨斯的人口理论,想到战争、疫病、饥馑、事故等对人口数量的"积极抑制"有可能同样适用于野生动物甚至是任何一个物种,接着他脑中又闪过斯宾塞的"适者生存",灵感降临了:生存斗争可能正是物种发生变化的自然机制!当晚他就开始动笔,又连续用了两晚写成《倾向》,然后赶上最近的一班邮轮把它寄给了达尔文。

《倾向》中并未出现"自然选择"字样,但明确指出了生物与环境的适应关系对于物种进化的决定性意义:

> 来自同一原种的大多数或者也许是全部的变种,一定在个体习性或能力上具有某些有限的独特特征,无论这些特征有多么微小。甚至只是一种颜色上的改变,使它们或多或少地彼此区别开,都能影响到它们的安全状况;过多或过少的毛发发育,都会改变它们的习性。更重要的改变,例如四肢或任何外在器官在力量或尺寸上的增加,将

影响它们获取食物的模式或栖居地的范围。……如果任何物种获得了增加些许生存能力的变异，这一变种一定不可避免地在一定时间内显示出数量上的优势。如同年老、食物浪费或短缺导致死亡率的增加，变异的结果也一定是这样。在两种情况下会有一些例外的个体，但平均看来这法则将一定有效。所有变种因此分为两组——在相同环境下达不到亲本种数量的，以及迟早获得并保持数量优势的。现在假设这一地区的物理环境发生了变动——长期的干旱、植被被蝗虫破坏、寻找"新乐园"的食肉动物的突然闯入——任何使生存变得艰难、迫使物种全力以赴避免灭绝的改变，显然，在所有个体组成的物种中，那些数量最少而组织最不完善的将首当其冲，如果压力够大，它们必然很快绝迹。同样的原因持续作用，接下来受害而数量减少的就是该物种的亲本种，相似的不利条件反复出现，它们也可能会逐渐灭绝。优势变种将独自存活下来，在环境重新变得适宜时，它们的数量将迅速增加，并将占据已经灭绝的物种与变种的位置。

这段论述可算作华莱士在邂逅达尔文之前独立探索的最远处，也标志着华莱士版本自然选择原理的发现。《倾向》引发了蝴蝶效应，达尔文收到它之后感到自己有可能失去自然选择学说的优先权，一时陷入纠结。在"微妙的安排"下，同年 7 月 1 日林奈学会补选成员的紧急会议上，赖尔与胡克临时撤换掉他人的文章，组织报告了达尔文与华莱士的最新成果，报告内容依次包括达尔文1844年230页手稿的摘要、1857年9月5日达尔文写给格雷的信以及华莱士的《倾向》。报告于8月20日正式发表在学会刊物上，标题为《论物种形成变种的倾向及论自然方式选择下变种与物种的保持》。"华莱士事件"促使达尔文调整进度，于1859年11月24日推出《物种起源》，"达尔文革命"拉开序幕，而1858年7月1日这一天一般被看作现代进化论的诞生日。

三、"灵学进化论"

联合论文发表后，华莱士已然成为达尔文身边的先锋人物，遂结束了捕猎天堂鸟和红毛猩猩的生活，于1862年3月31日回到了英国。除了理论贡献，华莱士采集标本的数量、质量及编目水平都令同行刮目相看，一颗科学新星冉冉升起。回国前一年，英国鸟类学联盟吸纳他为荣誉会员，回国后他又接到了伦敦动物学会高级会员的邀请。此后，华莱士全面启动了各项研究工作，尤其是欣然地将自然选择学说归到达尔文名下而极力捍卫，在达尔文主义初创期扮演了重要角色。在他清晰文笔的论证下，许多持异议的科学家接受了进化论，及时鼓舞了主帅达尔文的士气，胡克因此称赞他是达尔文"真正的骑士"。

除此之外，华莱士在标本制作技术、生物地理分布及人类学等方面也不时有成果问世。华莱士是最早涉足人类进化问题的科学家之一，1864年3月1日，他在伦敦人类学会会议上宣读论文《由"自然选择"理论推论人类种族起源及古人类的进化》，引起较大反响。文章折中了欧洲沙文主义与单一起源论：一方面承认共同祖先，强调自然选择对种族体态差异的塑造；另一方面认为精神进化为人类所独有，自然选择不再作用于人类身体而只在智力道德方面进行引导，种族优劣分化由此而生，欧洲人则是被自然所选择的"最适者"。华莱士此时相信，自然选择将引导人类精神能力不断进步，世界终将呈现一派自由平等的乌托邦景象。然而沿着这一思路，他与达尔文之间的观念分歧渐趋明显，唯灵论也开始在他的思想中浮现。

回国后，华莱士开始考虑婚姻问题。他先是向一位棋友的女儿"L小姐"求婚，可惜失败了，这使他一度萎靡不振。1865年1月，他向达尔文诉苦，达尔文安慰他说治疗痛苦念头的最好办法就是努力工作。这时，受姐姐方妮影响，华莱士接触到1848年源自纽约继而风靡欧美的灵学活动。灵学家宣扬灵魂不灭，组织"降神会"，宣称灵媒（多为年轻女子）可凭借超能力与灵魂进行沟通，吸引了大批追随者。然而直到1865年秋天，他还是没能走出低谷，达尔文写信敦促他尽快发表马来群岛考察记，以免坐失良机，而他沮丧地说如果找不到妻子这个可能永远都写不出来。好运降临了，通过朋友，华莱士认识了植物学家米顿的女儿安妮，1866年4月5日，两人举行了简单的婚礼，从此相伴终生。安妮是华莱士理想的贤内助，帮助他重新打起精神，继续辛勤地写作。

转向灵学的华莱士开始推荐名流朋友们一起参加降神会，并表示不妨对灵学家的解释存有分歧，但至少要正视灵学现象的真实性，而以此可揭示现有科学的局限性。他还出版了小册子《超自然的科学方面》，宣传他的神奇经验以及灵学的重大意义。然而，接受华莱士"宣教"的人大多态度消极，只有钱伯斯表示支持，甚至相信灵学将带来一场思想革命。达尔文知道华莱士的"异端"行径后没有明确表态，同行中却传来批评的声音。科学家当中也有人与华莱士并肩作战，例如铊的发现者克鲁克斯，华莱士主攻唯灵理论，克鲁克斯则致力于降神术的"实验研究"。

随着子女出世，家计问题摆在眼前。1870年1月，华莱士与一个人品低劣的地平论者打赌，为赢得500镑，他运用勘测技术证明了地球是圆的，不料却引来对方无休止的恶意诋毁与劳神伤财的诉讼事务。这年2月，他当选为伦敦昆虫学会会长，但这个职位并没有固定收入。他向一家博物馆求职，也没有成功。1871年2月，为他建造别墅的工头携款潜逃，使他的经济状况雪上加霜，他无奈只好做些为学院学生阅卷、为赖尔等人校稿子这样的临时工作，或向大英博物馆出售私人藏品。1876年春，《动物的地理分布》（以下简称《分布》）出版，此书以进化论眼光探讨全球陆栖动物的分布情况，被誉为动物地理学集大成之作，在新的动物志研究出现之前通行了80年。书中华莱士按物种进化特征将地球生物区域分为六个部分，其中东洋区与澳洲区之间的界线是他在马来群岛考察时勘定的，就是著名的"华莱士线"。《分布》的版税使他逃离了破产的边缘，然而生活依然艰辛。1874年，华莱士起名为"斯宾塞"的大儿子不幸死于猩红热；1876年6月，另一个儿子也染了重病。在同年9月的科促会年会上，华莱士全票当选为生物学组主席，负责人类学会场的讨论。会上，他与克鲁克斯一道力挺一篇含有唯灵论内容的论文，引起激烈的争论，顿时成为科学界的众矢之的，出任学会会长的希望也因此大受影响。接下来，科学界与灵学界之间酝酿已久的战争爆发了，华莱士又卷入了不光彩的"斯雷德案"。他不惜声誉地出庭为灵学家斯雷德作证，并当庭陈述了自己11年来的灵学历程，为灵学研究的自由和正义性辩护。此后几年，华莱士淡出科促会，与科学家同行保持着距离。

科学家—灵学家的双重身份在华莱士这里并不矛盾，一方面他将灵学视为前程远大的新科学，另一方面他的进化理论也需要唯灵论的帮助。华莱士持一种强适应主义的自然选择万能论，认为生物的一切特征都应来自环境的要求。然而，当涉及人类自身的进化过程时，种种问题还是使他感到棘手。1864年的人类学论文虽展望了乌托邦"自然而然"实现的美好远景，但在具体细节上，自然选择机制如何导致人类超越于动物界之上、如何保障道德文明的出现及持续等具体问题是被悬搁起来的。按照达尔文的思路，华莱士下一步应该为高级精神能力的适应性起源提供更多的科学论证，继续（像在性选择与隔离机制等问题上表现的那样）坚持一贯的自然主义解释，然而华莱士却沿唯灵论方向走上了一条"捷径"。对于"仅凭自然选择盲目的物质性力量是否可能导致人性高贵与社会和谐"这一敏感问题，华莱士在某种意义上回答了"否"，虽然他提出了另一种可以回答"是"的"类科学"解释方案，但应该说还是由激进的科学进化论向传统的神学进化论倒退了。

1869年春，在刚刚成功推出《马来群岛》之后，华莱士通过一篇为赖尔著作所做的书评阐发了他的人类学新观点，经由唯灵论将超自然因素引入了自然选择学说。达尔文事先有所预料，他写信对华莱士说："我希望您没有太完全地谋杀了您自己和我的孩子。"文章中，华莱士认为自然选择在从低等动物到人类的一般方面的进化过程中充分有效，但对于人类独特的精神能力则需另当别论。具体说来，人体至少有四处特征不符合"适者生存"原则：脑、手、外貌及言语功能——野蛮人的脑与当代欧洲人的脑一样发达，手一样灵巧，外貌一样精致，也一样具有语言天分，但它们在原始环境中的利用率却是相当低的，有时甚至还是一种弱点（如无毛的皮肤）。这些"反常"的特征是如何在生存斗争中出现，并且代代相传的呢？华莱士的答案是：它们都是与人类的高级精神能力相关的，且共同塑造了作为文明基础的人类道德本性，而精神进化符合的是"适者生存"之外的更高级的"适应"标准——"适者进步"，因此是由一种超自然力量定向选择的结果：

> 若全面承认人类的起源与所有生物的起源一样，都是以相同的伟大法则为中介，似乎仍有证据表明，有一种力量指引那些法则沿确定的方向、向着特定的目的发挥了作用。……在人类种族的发展中，一种超级智能为了更高贵的目的，引导了同样的法则。

这样，人类实际上就成了灵魂世界驯养的高级动物，在"灵魂不灭"的前提下，心智与道德的优越性同时具备了直接的适应价值。这种"灵学进化论"由此既为华莱士保住了乌托邦理想，又捍卫了达尔文主义，实在是后达尔文时代调和科学与神学的一次勇敢的理论尝试。鲍勒曾指出，19世纪发生的只是"非达尔文革命"，理由即在于自然选择学说当时未被充分接受，以致目的论继续广泛存在于此后的进化理论之中。华莱士的努力正体现了这一点。

达尔文为华莱士感到惋惜，认为他没必要在人的问题上急于寻求特殊原因。赖尔对华莱士的思路倒是颇认同。1870年，华莱士出版《自然选择理论文集》，修订收录了《规律》与《倾向》等重要文章，改写了1864年的人类学论文，又在《自然选择作用于人的局限》一文中展开1869年书评中的讨论，提出了宇宙的本质是"意志的力"的自然哲学观点。像1858年一样，华莱士的鲁莽出马再次刺激了达尔文，使他放开了在人类问题上的拘谨姿态，遂于1871年出版了《人类的由来》，运用其容纳多元机制（性选择、相关律、泛生论等）的自然选择理论来集中揭示人类的自然进化之谜。

四、"社会华莱士主义"与"后达尔文"岁月

1878年，华莱士出版了《热带自然文集》（1891年与《自然选择理论文集》合并为《自然选择与热带自然》），内容涉及热带地区的博物学状况、拟态现象、性选择以及开现代环保主义先声的原始丛林保护问题。生计仍是华莱士的现实问题，1874年开始的经济萧条使他几乎是孤注一掷的投资也蒸发了，而当初失踪的

工头这时却回来反咬他违约建房，又使他损失了一笔 100 镑的诉讼费。找个稳定的经济来源已是当务之急，1878 年 7 月，华莱士请出版商麦克米兰帮忙申请《自然》杂志的编辑职位，又求助胡克与达尔文推荐他到埃平森林做监管，但都失败了。他还曾尝试申请学院里的职位，也没有结果。1880 年，华莱士出版《分布》的姊妹篇《岛屿生物》，这让达尔文看到了他回归阵营的迹象。达尔文决定为华莱士的经济问题再出一把力，在赫胥黎的帮助下，终于为他申请到一笔每年 200 镑的政府养老金。有了这笔钱，华莱士的晚年生活相对有了保障，他开始更多地将灵学进化论运用到感兴趣的社会政治领域，凭借这种"社会华莱士主义"而成为活跃一时的公众意见领袖。

多年来对阶级分化状况的厌恶、在投资失败中对经济制度的不满、在诉讼事务上对法律体系的失望，以及从灵学群体受到压制看到社会的不宽容，刺激了华莱士原本并不淡漠的政治热情，他越来越多地利用话语权和影响力从事时事评论或社会活动，为下层民众摇旗呐喊。首先是贸易问题，华莱士撰文主张平等的互惠政策，反对以提高进口税抵制法、美等国的贸易保护主义。土地国有化问题是他晚年活动的焦点之一，年轻时的工作经验使他对土地分配中的不公正深有感触，19 世纪 50 年代阅读斯宾塞关于土地改革的著作也深化了他的认识。他曾在 70 年代初写过相关文章，密尔也曾就此邀请他加入土地改革组织，他也同意了，但此事因密尔在 1873 年去世而搁浅下来。80 年代前后，爱尔兰新教地主垄断土地引发动荡，华莱士借此发表看法，重燃起宣传土地改革的热情。在 1880 年《如何使土地国有化》一文中，华莱士提出应先将土地收归国有，然后再按不同价值出租给佃农耕种。这篇文章促成了 1881 年土地国有化协会的创立，华莱士当选为主席，该协会成员相信现存土地制度是贫困与道德沦丧的罪魁祸首。华莱士邀请斯宾塞加入未果，但采纳了他的建议：首先向公众集中阐释现状的不平等，以寻求支持。华莱士在宣传中强调：土地与空气、食物一样是个人不可剥夺的公共财富。达尔文对协会表示支持，但他劝华莱士不要为这些"诱人的"问题远离了博物学。这时期，乔治的《进步与贫困》对华莱士影响很大，乔治认为贫困的根源不是人口的过度增长，而是人与人之间的不公正，他相信在合理的社会中，人与人应该是共生的关系，而土地是生存与财富的根源，因此还地于民是社会进步的必然要求。1881 年 11 月，华莱士出版《土地国有化》一书，向英国工人阶级宣讲悲惨生活的根源，传播土地改革思想。年底，土地国有化协会请乔治来做演讲，华莱士与他结识，此后两人著作的销量一度攀升。这一年华莱士依然精力旺盛，除了忙于协会事务，仍在《自然》发表生物地理学与标本采集方面的科学文章。他还在考察原始语言的基础上提出了一种"嘴形理论"，认为有些词汇起源于姿势而非语音。

　　1882 年 4 月 19 日，达尔文在唐恩辞世。华莱士与赫胥黎、胡克等人代表科学界为他扶柩。在没有达尔文的岁月里，华莱士前方的路还很长。两个月后，都柏林大学三一学院授予他法学名誉博士学位，之后他因为眼疾休养了两年，1885 年又重整旗鼓，积极参加了一个关于贸易萧条问题的有奖征文活动，作品后来扩展成《坏时代》一书。此书批评了欧洲的社会状况，指出整治经济萧条的根本办法在于推行更为高级的道德教育。1886年10月9日到1887年8月20日，在朋友帮助下，华莱士再次远渡重洋，赴北美做巡回演讲。在波士顿，他的代理人在宣传海报中称他为"世上健在的最杰出的博物学家"。演讲中他也提到了超自然选择的进化目的论，并将"适者生存"进一步阐释为"适者永存"：

> 其他低等动植物王国的存在理由与目的，甚至包括我们的整个物质世界，正是尊贵、完美的人类形式的终极产物。凭借它，通过斗争与努力，与身体、道德上的邪恶不断开战，人的灵魂——人自身——将得以发展，并预备一种更高级的永恒存在。

华莱士在波士顿还结识了达尔文的好友格雷，并应邀在聚会上讲述发现自然选择的传奇故事。在哈佛大学，华莱士做了博物馆学方面的演讲。哲学家詹姆斯也是一位灵学爱好者，1884年他参与创建了美国心灵研究会，得知华莱士到来，便邀请他一起参加降神会。华莱士一路上结交科学界与灵学界的好友，又领略到美国博物学研究及政治发展的优越状况，感叹在美国自由的文化氛围中科学界与灵学界并没有像在英国那样水火不容。1887年5月23日，华莱士在加州与阔别40年的二哥约翰团聚，除安排科学、灵学演讲外，他还把哥哥带进降神会，试图通过灵媒的石板显字与"神灵世界"中的其他亲人建立联系。华莱士还在加州结识了早期环保运动领袖缪尔，与他一同游览当地的原始森林。日后两人有通信往来，缪尔可能还曾到英国拜访过华莱士，华莱士的环境思想对他的环保事业无疑是一种积极的支持。北美之旅途中关于达尔文主义的讲座反响很好，回国后，65 岁的华莱士决定在此基础上出版他的第一部进化论专著，书名就叫《达尔文主义》。该书于 1889 年出版，令 1864 年由赫胥黎打造的"达尔文主义"一词再放光彩。书中华莱士援引魏斯曼的种质遗传学，坚持自然选择是进化的唯一机制，但作为动力因，它在三个特殊阶段上需要目的因——超级智能的辅助：（1）有机界的出现；（2）动物感知的出现；（3）人的出现。三个阶段之间的跃迁是超级智能定向选择的结果，而永恒的灵魂世界将是进化的终点。

1900 年，孟德尔被重新发现，遗传学的突破使进化论者分成博物学传统与实验传统两个阵营。博物学传统的华莱士欣赏孟德尔理论的新奇，但与当时大多数人一样，他并没有意识到"孟德尔革命"正在上演，而日后正是这场革命使得达尔文主义绝境逢生，最终获胜。

19 世纪八九十年代，华莱士还积极支持反对种牛痘的社会运动。他根据统计数据质疑种牛痘的效果，批评政府的强制接种政策，认为只有推动社会正义与教育进步才是治疗各种流行病的根本手段。受到贝拉米乌托邦小说《回顾》的影响，1889 年，华莱士公开宣称自己是一名社会主义者，向往一个没有阶级的平等社会。"社会华莱士主义"还有另外两个亮点：优生学与女权主义。对于高尔顿的优生学，他认为重点应在于培养更多的优等人，而非更多地压制劣等人；对于斯宾塞的优生学，他相信魏斯曼学说已经动摇了它的理论基础——基于获得性遗传的用进废退观念。华莱士指出，欧洲社会环境已经恶化，非正义一方得势，优秀品质反而缺少生存空间，"优"的标准已经混乱，社会达尔文主义者在体制内部的修改当然也就没有意义，而只有从根本上扫清现存的阶级制度，再造一个以公平与正义为基础的社会，才能从根本上使人类向着正确的目标迈进。他进而认为，在一个健康的社会里，女性将成为自然选择的重要代理人：当女性受教育程度提高，一方面晚婚晚育将增多，这会缓解人口的过度增长；另一方面女性择偶也将更为主动，由此无须政府干预，智力与品行上的弱者将通过性选择而被自然淘汰掉。

五、幸福的晚年

1889 年年底，牛津大学授予华莱士民法博士荣誉学位，从此他便被称为"华莱士博士"。荣誉纷至沓来：1890 年，伦敦皇家学会将第一枚"达尔文奖章"授予了他；1892 年，皇家地理学会授予他"奠基人奖章"；1893 年，伦敦皇家学会终于吸纳他为会员。1895 年，一位企业家赞助他到瑞士做关于 19 世纪科学进展的演讲，演讲整理成 1898 年的《奇妙的世纪》一书，回顾了 19 世纪重大的科技发明与理论突破，也为牛痘术的盛行与颅相术的没落表示遗憾，为催眠术和心灵研究遭到冷落而鸣不平，认为与科学成就相比，欧洲的社会成就是落后的。1898 年，国际灵学者大会在伦敦召开，华莱士当选为会议主席。他在开幕词《正义，而非慈善，作为社会改革的基本原则》中指出：首先，现代灵学已经不再拘泥于来世的奖善罚恶信条，转而强调生命是道德与智力的连续体，尘世生活是对灵魂的训练；其次，恶劣的社会环境致使个体无法充分发挥其优良品质，各种慈善措施亦无法解决实质问题；最后，只有建立一个机会均等的正义社会，才能重建人类进化的健康秩序，使人类灵魂的高尚本性得以发展。1902年，华莱士在布劳德斯顿建了一座名为"老果园"的新居，令他感到满足，但建造开销使他再次濒临破产。于是，年近80岁的华莱士开始闭门钻研天文学，用6个月时间写成了《人在宇宙中的地位》一书，1903年出版，及时缓解了经济压力。书中提出了一种"太阳系中心论"，根据当时的资料，指出太阳系处在宇宙的中心位置，如果宇宙法则是均一论的，那么这个位置的生物即使不是唯一的，也是最特别的，因此人类可能是宇宙中独一无二的智能生物，地球则是培育智能的唯一场所。此书在当时获得很大成功，书中这种综合生物学与宇宙学的思路也得到了今天"人择原理"研究者的认同，他们由此奉他为"宇宙生态学"的先驱者。1907年，华莱士又推出《火星能居住吗？》一书，以1903年书中的论点否定了火星生命说。专著的畅销鼓舞了华莱士，1905年，他趁热打铁地出版了两卷本的自传《我的一生》，从头回顾自己走过的岁月。

华莱士的晚年是幸福的，随着"对头"们纷纷离世，他已经成为德高望重的国之瑰宝以及伟大时代的见证人，更多的光环落在他的头上，科学家、文人、政客与一般仰慕者们也纷纷登门拜访。1908年7月1日，为纪念达尔文主义问世50周年，林奈学会将第一枚金质"达尔文-华莱士奖章"授予了他。同年年底，华莱士又接连获得科普利奖与大英联邦荣誉勋章。这些对于当今的科学家而言都是至高的荣誉。1909年，为纪念《物种起源》出版50周年，克鲁克斯邀请他在英国科学研究所做演讲，演讲的成功激发了他新的灵感，遂写成《生命的世界》一书，1910年出版。这一次，华莱士从唯灵论的思想根源——斯韦登堡的神秘主义出发，将宇宙描绘成一个精神性的有机整体，万物在其中协同运行，通过自然选择实现灵魂从物质世界到永恒世界的进化。已经摆脱传统宗教束缚的自然科学界对此很不以为然，大多数人都为华莱士终究跳不出目的论的陷阱表示惋惜。1913年11月7日，华莱士在老果园安详辞世，有人建议将他安葬在达尔文的身边，但安妮遵从华莱士的嘱托，让他安眠在了布劳德斯顿海边小山上的一座墓园里（安妮1914年辞世，亦葬于此）。这一年，他还有两本新书——《社会环境与道德进步》与《民主的反抗》问世，作品继续针对英国的社会状况发出正义之声。伦敦科学界为华莱士在威斯敏斯特大教堂做了一块浮雕，纪念这位伟大的维多利亚人。此后，随着世界大战的爆发与维多利亚时代的终结，华莱士其人其说已渐渐不再为现代人所熟悉，灵学成了"精致的伪科学"，科学与人文也分裂为"两种文化"。然而，自然选择理论却实现了一场革命，在更为坚实的生命科学基础上，为人类理解世界、文明与自身照亮了道路。华莱士致力一生的达尔文主义事业，在新的时代里空前兴盛起来。

（作者：刘　利）

科赫
结核杆菌的发现者

罗伯特·科赫
(Robert Koch, 1843—1910)

结核病被认为是人类历史上最重要的传染病之一，由于患者通常显得比较苍白，结核病也被称为"白死病"。考古学家曾在古埃及的木乃伊身上发现了它的踪迹，并且有人相信结核病起源于70000年前的非洲。结核病具有较高的感染性和致死率，据19世纪的统计，全人类有七分之一死于结核病，三分之一以上的中年人都患有结核病。长期以来，这一疾病的病因一直是一个谜团，直到19世纪80年代科赫发现了结核杆菌，才最终将结核病判定为一种由结核杆菌引起的传染病。

1882年3月24日，德国医生罗伯特·科赫在柏林生理学学会作了一场名为《论结核病》的报告，他清晰地论证了结核杆菌是结核病的致病因，解决了长期以来人们对结核病病因的困惑。科赫在结核病研究领域做出的重要贡献，使他荣获了1905年的诺贝尔生理学或医学奖。为了纪念科赫发现结核杆菌，1995年世界卫生组织还将3月24日定为"世界防治结核病日"。

然而，从1881年8月着手结核病研究到1882年3月在柏林生理学学会上报告研究成果，科赫实际上只用了不到8个月。科赫何以在这么短的时间内做出长期以来其他人无法完成的工作呢？美国微生物学家布洛克在其撰写的科赫传记中指出，结核病研究是科赫细菌学研究的顶峰，科赫凭借着矢志不移的信念和过于常人的耐心，在之前工作的基础上作出了这一重大发现。法国细菌学家康布和德朗古则强调前人研究和两项技术的创新（染色技巧和固态培养基）。德国医学史学家格拉德曼还指出，从1880年开始科赫不再是单兵作战，而是成为帝国卫生部的一名领导，团队合作促使很多新技术的快速出现。实际上除了这些因素，还有一个重要的历史背景——细菌致病说的兴起，以及细菌学研究范式的形成。

其实从炭疽菌研究开始，科赫就是细菌致病说的拥护者，之后关于外伤、显微拍照、显微镜改进、染色技巧、纯净培养、消毒的研究都是为了论证细菌致病说。实际上，在研究结核病之前，科赫就已经形成了一套完整的细菌学研究范式。科赫之所以可以在短时间内就得出结核杆菌致病的结论，是因为结核病研究是在其细菌学研究范式下解决的第一个难题。

一、细菌致病说

19世纪中期，流行病的起源和传播是一个巨大的谜团。一些人坚持"瘴气说"，认为腐烂物质散发出的有毒空气或"瘴气"导致了疾病，流行病是一种不具有传染性的区域性疾病，除了"瘴气"，还与饮食、环境、情绪、不检点的行为相关。另一些人则坚持"传染说"，认为流行病是由一种特殊的细菌引起并传播的，这些细菌直接或者间接地从患者传播给健康的人。

科赫在格丁根大学的老师亨勒是"传染说"理论的早期支持者之一。亨勒1840年就发表文章称，传染物质是一种活体，并且指出可以通过实验的方法分析传染病。到了19世纪中后期，疾病是否由细菌引起这一问题成为整个欧洲医学界讨论的核心议题。当时主流的生理学家,例如柏林的菲尔绍和维也纳的比尔罗特完全否认微生物在传染病中的作用。但是,细菌致病说的拥护者克莱布斯遵从亨勒的教导,做了许多白喉、天花和创伤感染的接种和培养研究,认为虽然细菌不是疾病,但是它是引起疾病的原因,并且可以繁殖。然而,由于克莱布斯的实验技巧很差,他并不能通过实验向同行证明他想法的正确性。此时的人们仍然无法回答到底是疾病导致了细菌还是细菌引起了疾病。

受亨勒和克莱布斯的影响,科赫也是一名"传染说"的支持者,他的研究工作从一开始就是立足于细菌致病这一观点的。19世纪70年代,为了证明细菌致病说,很多科学家都选择了炭疽热研究。其原因为:(1)炭疽菌相较于其他细菌比较大,可以轻易地通过显微镜观察;(2)在疾病的最后阶段,血液中存在大量炭疽菌,非常便于取样;(3)在动物实验中可以容易地传播这种疾病;(4)炭疽菌是一种重要的家畜病,涉及巨大的经济利益,并且偶然会传染给人,造成医学问题。

科赫也参与到了炭疽菌的研究中。通过日常观察,很多人已经知道在某些牧场放牧会使牲畜感染炭疽菌,并且这些牧场的"毒性"会持续多年,但是人们并不知道为什么会这样。为了寻找导致炭疽热的凶手,科赫利用小鼠、豚鼠、兔子、青蛙、牛、羊等动物进行了大量实验。科赫将患炭疽热死去的羊的血,接种给豚鼠,豚鼠第二天就死了。通过解剖亡鼠,科赫在其血液、淋巴结和脾脏中发现了杆状物。科赫又将亡鼠的脾血接种给新的健康鼠,新鼠会出现同样的症状并很快死去。通过重复这一接种过程，科赫可以将炭疽热传播十几代。同时，科赫利用显微镜仔细观察，发现杆状物的长短有变化，长的边缘会出现一些凹陷，仿佛就要被分开一样。科赫推测，这些杆状物是活的，并且通过伸长和分裂繁殖。科赫认为这些杆状物的存在是疾病传播的必要条件。但是携带细菌的血液几天后会丧失它的传染性。因此，这些血液无法证明土壤中长期存在的"毒性"。

为了进一步观察这些杆状物，科赫将炭疽物质接种到兔子的角膜上，使原本透明的房水变得浑浊。科赫立即认识到房水是培养细菌的一种培养基，房水变得浑浊证明细菌在繁殖。通过在温暖、潮湿和通风良好的环境中用显微镜观察，科赫发现杆状物会膨胀、伸长，形成长长的丝状物。丝状物会捕获一些微小颗粒，形成一些具有折射性的小球。科赫认为这些球体就是孢子，当炭疽杆菌遇到不适宜生长的环境时，就会形成孢子，孢子可以在恶劣环境中存活多年。一旦孢子遇到适合的环境，炭疽菌就会再次生长。这就解释了土壤的"毒性"如何持续多年的问题。科赫发现了孢子在炭疽热中的重要性后，立即建议将患病动物焚烧或者深层掩埋，防止孢子形成。

虽然在科赫之前细菌致病说就已经出现，但是科赫关于炭疽热的研究首次将特定细菌和特定疾病联系起来。科赫关于炭疽热的研究得到了德国当时著名植物学家科恩的赞赏，1876年，在科恩的帮助下，科赫的文章发表于科恩自己主持的期刊《植物生物学通讯》。这篇名为《炭疽热病因学，以炭疽杆菌的发展周期为基础》的文章奠定了科赫研究的基础，成为科赫细菌学研究范式的开端。

"范式"概念源于库恩的《科学革命的结构》，根据库恩的描述，大致可以看出范式是一个共同体成员所共享的信仰、价值、技术等的集合，是一种对本体论、认识论和方法论的基本承诺，是科学家集团所共同接受的一组假说、理论、准则和方法的总和，这些东西在心理上形成科学家的共同信念。然而，一个范式究竟是如何产生的则很难说清。但是根据库恩的研究，可以总结出范式的几个特点：（1）一定程度的公认性，即存在一个共同体；（2）一个研究纲领，即存在基本信条、研究方法、研究方向等；（3）成功可模仿的先例。这三个特点同时具备时，我们才能说存在一个范式。当一个范式正式形成时，即进入常规科学时期，科学家的工作就是"解难题"，适用于范式的问题通常会很快被解答。

此时科赫的炭疽菌研究，并不符合范式的三个特点。作为基础信念的细菌致病说当时只是一种假设，虽然有部分科学家支持，但并没有有力的证据证实，也没有统一的研究方法和研究方向。只能说科赫通过炭疽热研究，坚定了对细菌致病说的信念。然而，正是在这一信念的引领下，科赫逐渐构建了一套细菌学研究范式。

二、科赫的细菌学范式

虽然科赫在炭疽热研究中取得了一定成果，但是想要证明细菌致病说，让学界接受科赫的研究并不容易。因此，在随后的几年中，科赫一直在寻找能够让人信服的研究方法，来证明细菌致病说。这些方法整合起来就是我们现在所说的科赫原则：（1）在所有病例的发病部位都能发现这种细菌;(2)这种细菌可从病体中分离出来,并能在体外培养成纯菌种;(3)将这种纯菌种接种给健康动物后,能引起相同的疾病;(4)在接种纯菌种而致病的动物身上,仍能分离、纯培养出同种细菌。通过科赫原则,科赫构建起了细菌学研究的范式。

科赫原则并不是一种思想构建,而是科赫以大量的实验为基础总结而成的研究方法。为了能够在患病动物组织中看到细菌并展示给同行,科赫首次在细菌学研究中使用了显微照相术;为了获得高质量的照片,他改进了显微镜,并利用苯胺染料给细菌染色;为了分离和培养纯净细菌,科赫改进固态培养基,发明浇注平板培养法,改进了灭菌法;为了证明细菌是疾病病因,科赫进行了大量的动物实验,小鼠、豚鼠、兔子、狗、青蛙、鸟、猴子等都成为他的"宠物"。

虽然19世纪20年代末,随着显微镜技术的进步,显微镜已经成为医学研究必不可少的工具,但是由于不可能给所有人当场演示自己的研究成果,细菌学家不得不通过手绘的方式将自己的研究成果呈现给同行。然而,由于显微镜质量和观察技巧的不同,手绘图并不能满足细菌学成果沟通的要求。

为了向众人更好地展示自己的研究成果,科赫在炭疽热研究之后转向了对显微照相术的研究。显微照相术不仅促使科赫改进他的显微镜,而且还促使他完善了制备细菌样本的方法。

为了获得更高质量的照片,科赫与当时知名的显微镜制造商有过频繁的通信。显微镜制造商根据科赫的要求,制造了符合科赫需求的配件。经过亲手改装，科赫的显微镜的质量得到明显提升。起初，科赫按照莱夏特和施杜恩拜克的垂直照相法进行拍摄，由于焦距有限，显微镜最大只能放大 300 倍。后来，科赫改进了拍摄方法，他采用水平拍摄法，得到了其想要的倍数。

除了拍照设备和方法的改进，制备细菌样本对显微照相也非常重要。细菌在液体中是透明的，并且还会移动。科赫发现通过烘干的方式可以将细菌固定在载玻片上，这样不仅可以终止细菌运动和布朗运动，而且可以固定样本。科赫特别强调这种干燥保存技术的重要性，因为干燥的制备物可以保存几周甚至几个月，可以用于对比研究。烘干样本之后，就可以给制备物染色。布雷斯劳大学的魏格特发现最好的染色剂是苯胺染料，他将这一方法推荐给了科赫。科赫发现用苯胺染料染色的细菌会与其他物质区分开来。科赫详细记录了染色过程，强调染料选择和冲洗的重要性。这些染色技巧后来成为科赫发现结核杆菌的重要基础。

1877 年，在科恩的帮助下，科赫的第二篇论文《细菌的制备、保存和拍照方法》同样发表于《植物生物学通讯》。在这篇论文中，科赫详细描述了他对细菌的制备、染色、观察和拍照的过程，并且精心挑选了 24 张细菌照片。细菌照片的首次发表引起了学界的广泛关注，并且由于科赫将实验步骤描述得非常详细，其他同行可以轻易地重复这一工作，使得科赫的细菌染色和拍照技巧在细菌学研究中得到了广泛传播。科赫还发现细菌照片除了用来与同行交流，还可以用于给细菌分类，观察照片可以避免炫光引起的眼部不适，并且通过拍照还能对不同种类和时期的细菌进行对比研究，显微照相也成为细菌研究的重要方法之一。

但是，科赫在研究疾病组织中细菌的生长时发现，原来的显微镜并不适用于观察组织中的细菌，并且他的拍照方法也无法给组织中的细菌拍照。虽然在科赫的时代，显微镜技术已经有了十足的进步，但是仍然难以满足观察像细菌这样微小的物体。此时就不得不提到阿贝。他当时是卡尔·蔡司显微镜公司的光学顾问，他发现当显微镜放大倍数增加时，图像并不会变得更清晰，从而认识到了放大和分辨率的差异。经过大量的测试，阿贝发现使用油镜可以提高分辨率，1879 年首次发表了他对油镜的研究。实际上，科赫在 1878 年就已经到卡尔·蔡司公司拜访过阿贝，并且获得了一台装配油镜的显微镜。在 1879 年阿贝的论文中，他还提到科赫在细菌研究中使用了他的油镜。但是仅靠油镜还是无法观测微小的细菌，显微镜还必须装配一个适当的光照设备。阿贝的另一个重要贡献就是聚光器的改进，即阿贝聚光器，它可以照亮整个制备物，虽然会产生炫光和色差，但是在科赫的年代，阿贝设计的显微镜极大地提高了细菌的可观测程度。科赫之后的研究中基本上使用的都是阿贝设计的显微镜设备。可以说，阿贝和卡尔·蔡司公司为科赫提供必需的研究设备，反过来科赫的成功又促使卡尔·蔡司公司成为世界知名的显微镜制造商。

在 1878 年发表的关于创伤感染的研究中，科赫首次介绍了染色技巧、阿贝设计的油镜和聚光器。新的研究设备和技巧，使科赫可以清楚地观察到比炭疽杆菌更小的微生物。科赫辨识出了六种传染性疾病，两种鼠类传染病、四种兔类传染病，它们在病理学上和细菌学上呈现出明显的区分。由此,科赫推断人类外伤传染病也是由类似的特殊寄生物引起的,并区分了不同的疾病——败血症、坏疽、脓疮。科赫反对当时流行的不同形态的细菌都是同一物种的观点,认为细菌有不同的种类,每种细菌都能引起一种独特的临床病征。据此,科赫认为,通过总结所有传染病的生理特征来寻找病因是徒劳的,只有通过研究疾病的特定病因,一种特定的疾病才能被理解。

为了证明特定疾病是由特定细菌引起的观点,则需要从自然患病的动物身上分离出纯净的细菌,然后将纯净的细菌再接种给健康的动物,引起相同的症状并发现同样的细菌。科赫之前的研究只能证明含有某种细菌的物质可以导致某种疾病,并不能确证细菌就是罪魁祸首。因此,纯净培养物对细菌研究至关重要,如果无法获得纯净培养物,人们就无法确定到底是哪一种物质导致了传染病。

虽然19世纪的微生物学家们已经意识到纯净培养物对微生物研究的重要性,但是由于培养方法的不同,他们获得的纯净培养物的质量良莠不齐,这也导致他们对细菌和传染病的认知各不相同。

培养基是纯净培养过程中的关键。19世纪,大部分微生物学家都是使用液态培养基,李斯特是第一个用有限稀释法培养出纯净培养物的人。但是液态培养基可能会在同一种培养基中分离出不同种类的微生物,因此液态培养并不适于培养纯净物。为了克服纯净培养的难题,科赫根据施洛特1875年利用土豆切片培养有色菌落的研究和布雷非德给出的获取纯净培养物的原则,开创了浇注平板培养法,他先将细菌在液态培养皿中培养,然后将它们倒入平板培养皿中，使它们固化。一旦培养基固化，不同种类的细菌就会在培养基的不同部位各自生长，这就防止了它们相互污染，并确保它们免于外部入侵。这个技巧的核心是要找出一种可以根据温度变化从液体转化为固体的培养基。科赫尝试了多种可供致病菌生长的培养基，例如营养肉汤培养基和普通肉汤培养基。科赫没有直接寻找一种可供致病菌生长的固态培养基，而是通过添加明胶，使一种可供致病菌生长的液态培养基固化。

科赫详细记录了制备营养明胶的方法，"我将致病菌和非致病菌在熟土豆或营养明胶上不断培养、接种，直到观察不出它们特征的明显变化。它们保持着它们的形态和生理特征……作为纯净培养物生长数月而不发生变化"。由于许多致病菌在土豆培养基上并不生长，只在营养肉汤培养基上生长，因此科赫只能添加明胶使营养肉汤转化为固态培养基。这一方法后来得到了广泛使用，它不仅可以用于培养致病菌，而且可以用于培养所有的微生物。

1881年，科赫总结了他的培养方法，以《致病微生物研究》为题发表在《帝国卫生部通讯》上，这是科赫自1880年到柏林帝国卫生部任职以后发表的第一篇论文。科赫在文章中强调，纯净培养物是所有传染病研究的基础，提倡用明胶制作固态培养基培养纯净物，因为明胶培养基允许实验者分离出独立菌落，从而确保培养物的纯净性。这篇论文丰富了科赫早期的细菌学研究方法，除了讨论培养纯净物的方法和技巧，还发表了大量（84张）疾病组织中的细菌的照片。后来，这篇论文被视为"细菌学的圣经"，文中的照片也长期被载入教科书中。通过纯净培养研究，科赫还意识到，细菌培养过程中无菌环境的重要性。之后，科赫专门研究了杀菌物质和杀菌过程，以及杀菌物质对某种细菌种类的抑制或破坏活动。同年，科赫发表了三篇关于杀菌的报告，他宣称石碳酸不如汞喷雾，新鲜的蒸汽要比热空气的杀菌作用好，强调通过严格地使用无菌技术来避开污染的重要性。消毒、灭菌后来在医疗实践和公共卫生领域得到了广泛的应用。

1881 年 8 月，科赫作为德国政府的代表参加了在伦敦举行的第七届国际医学大会，世界各国多数活跃的医学研究者都参加了这次会议。虽然科赫并没有在医学大会上发表论文，但是会议期间，科赫的支持者——英国著名外科医生李斯特邀请科赫到他的实验室，演示科赫发明的纯净培养技术，科赫的法国对手巴斯德也前来观看。科赫的演示非常成功，就连巴斯德也称赞科赫的技巧是"一个很大的进步"。

可以说，科赫通过对炭疽热和创伤感染的研究坚定了他对细菌致病说的信念，通过对显微照相术、显微镜、染色法、培养基、灭菌法的研究创造了一套完整的细菌学研究方法。实际上，当科赫到柏林帝国卫生部任职后，在《帝国卫生部通讯》上发表他的细菌学研究方法时，一个以科赫细菌学研究方法为中心的细菌学研究范式就已经建立起来。虽然细菌致病说不是科赫的首创，但是科赫是第一个给出证明方法的人。并且由于科赫方法的有用性，大量细菌学家来到柏林跟随科赫学习，形成了以科赫为核心的细菌学共同体。在科赫范式的影响下，科赫的助手吕夫勒分别在 1882 年和 1884 年发现了鼻疽杆菌和白喉杆菌。科赫的学生加夫基 1884 年发现了伤寒杆菌。曾经在科赫实验室工作过的冯·贝林和埃尔利希分别于 1901 年和 1908 年获得诺贝尔生理学或医学奖。科赫本人也于 1905 年因结核病研究获得诺贝尔医学奖。

三、结核杆菌的发现

由于结核病对人类的影响极大,因此人们一直对结核病保持高度关注。1881 年伦敦医学大会上,结核病问题就是大会重要议题之一。受会议影响,科赫回到柏林后便决定要找出结核病的病原体。但是经过考察,科赫惊异地发现,结核病研究居然充满了争议。

虽然 1819 年法国医生雷奈克就推测某些表现出不同临床特征的疾病存在特定联系,例如结核疹、肺结核、淋巴结核等,由于这些疾病都会出现结核节,因此他推测它们可能是由共同的原因引起的。但是这一观点并没有被主流学界接受,因为当时的医学科学家都在研究不同疾病结节的结节形式,而不是寻找结节的原因。当时德国的医学巨擘菲尔绍就通过对结节的生理解剖研究,得出了结核结节是其他疾病的变形的结论,并且认为肺结核与其他形式的结核完全不同。

尽管如此,执着于病因研究的医学研究者们,还是想要证明结核病的传染性。1863 年威尔曼利用动物实验证明结核病的传染性。1877 年克莱布斯提出要将结核病传染视为一种未被识别出的细菌导致的传染。1879 年,魏格特发表论文称,不同形式的结核是同一种疾病,不应该通过疾病的生理解剖来判断它,而应该通过致病因来确定。之后在科恩海姆、萨洛蒙森、鲍姆加滕、塔佩纳等人的确认下，结核病已经被认为是一种传染病，但是不论是在疾病组织中还是培养物中，人们一直没有观察到可能的致病菌。如何证明是某种细菌导致了结核病一直困扰着人们。

科赫在研究结核病之前，就已经从威尔曼那里得知了动物实验对结核病研究的重要性。作为帝国卫生部的部门主管，科赫可以容易地从柏林夏洛蒂医院的"肺结核病房"拿到大量的结核物质，进行动物实验。从一开始，科赫的目的就是要证明，是一种外源物质作为病原体导致了结核病。为了这一目的，科赫将前六年积累的研究技巧全都利用起来，包括显微照相术、组织染色、纯净培养物分离、动物接种。虽然这些在研究炭疽病和创伤感染时非常有效的方法同样适用于结核病，但是科赫还是遇到了很大的困难。结核病组织中的病原菌很难被染色和辨认，并且在培养基中生长缓慢，想要证明它的存在需要极大的耐心和强大的信念。

结核分枝杆菌很难被常见的细菌染色剂染色，因为其细胞壁含有丰富的蜡质。科赫的重要贡献之一就是发现了结核杆菌的染色方法。

科赫发现，豚鼠可以容易地在实验室被结核杆菌感染，但是在自然环境中豚鼠并不会得结核病。通过给豚鼠接种不同来源的结核物质，科赫发现豚鼠都会出现相同的临床症状和生理解剖特征，这使他确信结核病与炭疽热、创伤感染一样是一种典型的由微生物引发的传染病。从这一结论出发，科赫工作的目标就是要证明这种微生物存在于疾病组织中。因此，科赫按照其构建的细菌学研究方法开始对结核病展开研究。

科赫从结节部位提取一些结节物质，将其放置在载玻片上观察，并用不同的染色剂染色。科赫最常用的染色剂是埃尔利希发现的亚甲蓝，通过染色，科赫隐约看到了非常微小的杆状物，长大约是宽的两倍。科赫发现这些杆状物只出现在结核组织中，在对照组里并不出现。为了确认杆状物就是导致结核病的病因，科赫像先前一样，先为这些杆菌拍照，以获得细菌的客观图像，但是科赫发现结核菌似乎被一种具有特殊性质的物质环绕着，很难被染色。经过大量测试，科赫发现最好的方法是用俾斯麦棕对制备物进行复染，然后用蓝光对棕色制备物拍照。棕色制备物吸收蓝光，在照片底片上会变暗，而蓝色细菌则会变得明亮和透明。虽然科赫用俾斯麦棕对制备物复染是为了增加蓝色杆状物的对比度，但是当科赫拍照前观察这些制备物时，他惊奇地发现在棕色的背景中微小的杆状物已经呈现出蓝色。在棕色的背景中，他们可以容易地分辨出大量的杆状物。通过大量进一步实验的核实，科赫确定他发现了一种新的区分结核组织中的细菌和其他物质的有效方法，这一方法还可以用来区分结核杆菌和其他的细菌。

在用这一新技巧证明了在所有可能的结核组织和液体中都存在典型的杆状物之后，科赫认为有必要用新的染色剂重复整个实验。但是当科赫使用显微镜观察新的制备物时，他并没有看到蓝色的杆状物，即使这一制备物已经用新的亚甲蓝溶液染色，并用俾斯麦棕复染了一整天。然而在先前的制备物中科赫可以轻易观察到蓝色杆状物。因此，科赫推测，之前的染色剂中肯定存在某些适宜于结核杆菌染色的物质，可能是之前的染色剂从空气中吸收了某些适宜于染色的物质。实验室空气中最常见的成分是氨气，科赫由此推测在实验室中长时间放置的亚甲蓝溶液可能从空气中吸收了少量的氨气。科赫立即在新的亚甲蓝溶液中添加了一些氨气，再次进行染色时，结核杆菌就可以被很好地染色。其原因是氨气溶于水呈碱性，实际上给亚甲蓝溶液添加任何碱，例如氢氧化钠或者氢氧化钾，都可以使染色剂变得有效。然而，科赫并没有在讲座中和之后发表的论文中提到这一细节，这一细节还是埃尔利希描述的。埃尔利希在1882年5月1日柏林内科学会的会议上，描述了科赫的方法，并利用苯胺替换氨，品红替代亚甲蓝，改进了科赫的染色过程。

科赫很清楚，细菌的存在并不能证明它就是疾病的病源。为了证明结核病是由结核杆菌引起的寄生性疾病，科赫必须避开结核组织中其他可能存在的细菌，将结核杆菌分离出来，进行纯净培养。分离出的纯净细菌还必须可以将疾病传染给其他动物，并且导致和接种自然形成的结核相同的病状。如何培养这种细菌就成了核心问题。实际上，这对科赫来说并不是什么太大的难题，因为科赫1881年的论文就已经提出了解决这一问题的方法——平板培养法，结核杆菌培养仅仅是对其方法的再一次实践。

因此，当时的问题就简化为从病人或实验动物身上取出结核杆菌，放到培养基上培养。然而，培养过程中却遇到了一些难题。细菌在普通培养基上生长得十分缓慢，在室温下根本无法成功培养。又由于明胶的熔点在24~28摄氏度，体温下培养还会使营养明胶液化，导致培养失败。

经过不断尝试，科赫终于利用羊或牛的血清，遵守严格的时间和温度控制，制造出了一种封闭在试管内的透明固态培养基。虽然科赫还首次介绍了琼脂培养基，但是科赫首选的还是凝固血清，因为菌落在凝固血清上生长较快，并能展示出更多的特征结构。利用制造出的培养基，科赫制定了一套培养结核杆菌的方法。首先，用消过毒的工具解剖患有结核病的动物，使用火烧过的铂丝迅速将结节转移到固态血清表面，这一过程必须尽可能快，因为打开试管棉塞的时间越长，被污染的可能性越大。为了证明结核杆菌是致病因，科赫不断地强调，要尽可能避免培养物被污染。完成节结转移后，将培养试管放置在37或38摄氏度的恒温箱中。最初的一周，培养物不会出现显著的变化。如果第一天就出现了明显的变化，那就意味着它们被污染了，实验失败，因为污染通常会导致血清液化。如果一切顺利，用显微镜放大30~40倍的情况下，人们会在第七天看到细菌菌落。通过染色，利用高倍显微镜看的话，就能看到它们全是由结核杆菌构成的。通常，两三周后，它们会在培养基表面形成很小的一团鳞状的、干涸的、固态的菌落，之后便不再生长。如果想要继续让其生长的话，则需要在大概10~14天的时候，将其转移到新的培养基上。如此反复就可以得到所需的量。

得到纯净培养物之后，如何证明从结核物质中获得的纯净培养物是导致结核病的唯一原因就成为结核病研究中最关键的部分。科赫通过13组系列动物实验，给小鼠、大鼠、豚鼠、仓鼠、兔子、刺猬、鸽子、青蛙、猿、猴子接种了结核物质和纯净培养的结核杆菌，以及其他可能的物质。在这些实验中，科赫通过不同的方式感染动物，有些是接种结核物质，有些是将结核物质注射到动物腹腔，有些是注射到动物眼前房，有些是直接注射到血液中。无一例外，所有的动物都感染了结核病。接种后这些动物不仅会出现结节，而且在结节组织中可以观察到大量结核杆菌。就像科恩海姆、萨洛蒙森、鲍姆加滕给动物接种结核物质一样，科赫直接给它们眼前房中注射了微量的纯净结核菌，动物出现了众所周知的结核性虹膜炎。

科赫在他的论文中强调，所有的实验动物都不是自然感染结核病的，并且所有接种后的动物都感染了结核病。第一，自然感染和诱发感染都不可能导致短时间结节的爆发。第二，对照动物依然健康；它们和被感染的动物的生存条件一样，唯一不同的是它们没有被接种结核杆菌。第三，除了接种结核杆菌，大量的豚鼠和兔子还被接种和感染了其他可能的物质，但它们并没有出现典型的结核病症。只有当接种结核杆菌时，实验动物才会出现结核病的症状。

科赫总结到，结核物质中的结核杆菌不仅出现在结核病中，而且导致了结核病。这些杆菌是结核病的真正致病因。科赫还以此定义了结核病，结核杆菌是结核病的必要条件，而不是结节。结核杆菌会出现在肺结核、粟粒性结核、干酪性肺结核、肠结核病和淋巴结核中，这就意味着同一微生物会引发相同疾病的不同形态。

实际上在 1882 年 3 月 24 日那场著名的讲座之前，科赫对他的成果能否被接受并不乐观，据科赫的助手吕夫勒回忆，在去讲座的路上，科赫预测可能要经历一年的苦战，他对结核杆菌的发现才能得到医学界承认。讲座之前，科赫布置实验台时，将超过 200 件的实验用品放置在桌子上。科赫带来了他的所有设备，显微镜、装有培养物的试管、爱伦美氏烧瓶、装有培养物的方形玻璃盒，以及储存在酒精中的致病物质。最后，桌子上还摆满了白色的小型培养皿，每个培养皿中都包含一种培养物。房间中挤满了人。讲座进行得缓慢而细致，科赫以强有力的证据，向观众展示了结核杆菌的存在。当科赫完成他的讲座时，全场沉默。没有欢呼，没有问题，没有辩论。参加了这场讲座的人后来回忆了当时的沉默，所有人都不是无聊或者质疑，而是被这一卓越的工作深深折服。慢慢地有一些观众回过神来，为科赫鼓掌。然后，很多人开始仔细观察科赫的制备物、纯净培养物和其他的演示。1908年的诺贝尔奖得主埃尔利希是当时最重要的观众之一，他曾回忆说："那一晚是我科研生涯中最为重要的经历。"

三周之后，科赫的文章就刊登在《柏林临床周刊》上，然后在全世界范围引起轰动。正如大多数重大科学发现一样，结核杆菌的发现也存在着优先权的争论。鲍姆加滕和奥夫雷希特可能与科赫同一时期在结核物质中看到了细菌，但是他们没能给细菌染色，并像科赫那样证明它。杜博斯夫妇（1953）就曾写道："在科学领域，人们总是将荣誉给予那个说服了全世界的人，而不是第一个提出这个思想的人。"

四、结　语

巴斯德和科赫都被称为现代医学的奠基人，他们也都对细菌致病说做出了巨大贡献。但是相较于对巴斯德的关注，国内学者对科赫研究则相当缺乏。根据本文的梳理，可以看出科赫的研究非常成体系，他的目标就是通过实验证明细菌致病说。不像巴斯德将他的工作建立在一个广泛的哲学基础之上，科赫的工作是严格依据医学问题推进的。科赫在研究结核病之前所有的工作都围绕着两个问题展开：（1）如何观察到患者体内的细菌，（2）如何证明是细菌导致了疾病。围绕第一个问题，科赫改进了显微照相术、显微镜、染色技巧，成功看到了疾病组织中的细菌；围绕第二个问题，科赫发明了平板培养技术，分离出了纯净培养物，成功证明了特定细菌会引起特定的疾病。

回到文章开头的那个问题，科赫何以在 8 个月时间内做出长期以来其他人没能完成的研究呢？可以说，细菌致病说构成了科赫细菌学研究的核心信念，显微照相术、染色技巧、纯净培养、科赫原则等构成了证明细菌学信念的研究方法，细菌学研究的核心信念和方法又共同构建了细菌学研究的领域和方向。科赫正是在其建构的细菌学范式下，成功地解决了第一个适用于该范式的难题，证明了结核杆菌是结核病的唯一致病因。

（作者：夏　钊）

迈尔
达尔文的使徒

恩斯特·迈尔
(Ernst Walter Mayr, 1904—2005)

恩斯特·迈尔是一名德裔美籍生物学家，以其在分类学、群体遗传学和进化论方面的研究工作而闻名于世。因为他对进化论思想的发展和传播做出的卓越贡献，被学界誉为"20 世纪最伟大的进化生物学家""达尔文的使徒""20 世纪的达尔文"。迈尔活了一个世纪，在生物学不同领域取得的科学成就超出了好几个人所能取得的科学成就。

一、迈尔其人

迈尔于 1904 年 7 月 5 日出生在德国南部巴伐利亚州肯普滕的一个医学世家，他是家中的次子。尽管迈尔的父亲奥托·迈尔是一名法律工作者，但是迈尔的教父、祖父和曾祖父都是医生。迈尔的父亲是一位观鸟爱好者，他经常带孩子们进行户外远足，观察当地的野生动植物。年幼的迈尔痴迷于自然界的一切，尤其是对鸟类观察充满了热情。他从哥哥那里学会了当地所有鸟类的名字和形态特征，还阅读了为业余爱好者发行的博物学杂志《宇宙》。他称自己是"一位天生的博物学家"。

和德国当时的许多家庭一样，这个富裕的家庭遭受了第一次世界大战以及随即而至的德国经济崩溃所带来的痛苦。迈尔的父亲在战争中死去，当时年纪不足 13 岁的迈尔随家人一起离开巴伐利亚州，举家迁往德累斯顿，在那里他完成了自己的中学学业。1922 年 4 月，还在读中学的迈尔加入了新成立的萨克森鸟类学会，并结识了鲁道夫·齐默尔曼，此人成为他在鸟类学方面的启蒙导师。1923 年 2 月份，当迈尔通过高考之后，他的母亲奖励他一副双筒望远镜。

1923 年 3 月 23 日，在莫瑞茨伯格湖边，迈尔发现了一只被他鉴定为红头潜鸭（雁形目鸭科潜鸭属）的动物，该物种据科学记载称自 1845 年之后就再未在萨克森出现过，并且当地俱乐部就迈尔的发现正确与否争执不休，无法达成一致意见。于是有人建议迈尔在前往格拉夫瓦尔德（迈尔要去那里的大学读医学）的路上去拜访当时鸟类分类学的领头人——施特雷泽曼教授。经过一番严格询问之后，施特雷泽曼教授认可了迈尔的看法，并发表了他的发现结果。这是年仅 19 岁的迈尔开始他博物学工作的第一步，也是他所发表的近 700 篇科学论文中的第一篇论文。通过这件事情，施特雷泽曼教授对这个年轻人的丰富学识以及过人观察力留下了深刻印象，并建议他在假期去做博物馆鸟类学部门的志愿者。关于这件事，迈尔本人后来写道，"这就仿佛有人给了我一把通往天堂的钥匙"。

在格拉夫瓦尔德大学读书期间，迈尔利用他全部的空暇时间观察鸟类。当然他从未因此而忽略医学专业知识的学习，按照迈尔自己的话说，"学医是为了符合家族的传统"。在大学第一个学期结束后，施特雷泽曼教授安排测试他辨认旋木雀（雀形目旋木雀科）标本，结果迈尔正确鉴定出了绝大多数的标本。施特雷泽曼教授称赞他是"天生的分类学家"。当他在 1925 年以优异成绩获得格拉夫瓦尔德大学的医学学位之后，并没有追随家族传统成为一名医生；由于鸟类学才是他真正的兴趣所在，加之他对野外探险活动的由衷热爱，（迈尔曾在1961年接受哈佛校友公告牌采访时说："我当时对遥远的地方很好奇，而且觉得如果做一个医学博士，就没有太多机会去旅行了。"）当年轻的医学毕业生迈尔听到施特雷泽曼教授建议他说，放弃医学研究，进入柏林博物馆，并且如果能够在16个月获得博士学位的话，他就有机会前往热带地区参加鸟类收集的探险活动时，他就毫不犹豫地转向柏林大学，师从齐默博士学习鸟类学，并且在16个月之后，即1926年6月24日获得生物学博士学位（2001年6月，在他获得博士学位后75周年，柏林洪堡大学授予他第二个博士学位）。同年7月1日，年仅21岁的迈尔博士得到柏林博物馆提供的助理职位，月薪是330.54德国马克。

在1927年布达佩斯召开的国际动物学大会上，经由施特雷泽曼教授介绍，迈尔结识了英国银行家和博物学家罗斯切尔德爵士，后者拥有当时世界上私人收藏数量最多的鸟类标本，并且一直在寻找能够去新几内亚岛采集极乐鸟的人选。当罗斯切尔德爵士请他代表自己和纽约的美国自然史博物馆去往新几内亚探险时，迈尔欣然接受了这一机会。他一直渴望去遥远的异国他乡，像19世纪伟大的博物学家们一样去未知世界探险。于是从未离开过欧洲的迈尔第一次离开故土，前往新几内亚和所罗门群岛进行探险考察，去实现他年轻时代最伟大的抱负。在这次充满了冒险、与世隔绝、面临死亡和热带疾病威胁以及被土著野人袭击的旅行中，迈尔发现了大量此前为西方科学界所不知的动植物物种，并且发现那里的鸟群，由于和同一物种其他个体之间相互隔离，已经积累了遗传差异。他在南太平洋度过了两年半的时光，其间总共收集了 3400 多个鸟皮，将样本运回博物馆以备鉴定和分析；此外他还命名了兰科植物的 38 个新物种。在迈尔停留新几内亚期间，他还受邀陪同惠特尼南海探险队前往所罗门群岛。在这次为期两年半的艰险旅行中，甚至一度传出迈尔被当地土著人杀死的消息。但实际上，迈尔在他的当地向导陪伴下，安全地完成了收集标本的任务，并与向导建立了良好的关系。新几内亚岛和所罗门群岛各种动物的地理分布特点给他留下了深刻的印象，使他在鸟类学、分类学、动物地理学与进化论领域获益匪浅，并且积累了丰富的野外实践经验。迈尔在其学术研究生涯早期关于一个物种被分离为子代种以及由少数奠基者创建的种群（奠基者种群）的研究使之成为确立现代综合进化论的领袖之一。这个将达尔文思想（自然选择）和孟德尔学说（遗传学）结合在一起的理论体系包括了基因突变和重组的生物学过程、染色体结构和功能的变化、生殖隔离以及自然选择，并且这一历程使其证实了达尔文从未成功证实的事实：新物种起源于隔离种群。他将该调查结果发表在 1942 年出版的著作《分类学和物种起源》中，为自达尔文开始的进化论的综合画上了圆满的句号。时至今日，这本著作仍然是进化生物学的经典名著。

迈尔于 1930 年返回德国，并在 1931 年接受美国自然史博物馆馆长一职，前往纽约赴任。他在那里扮演着一个重要的经纪人角色，收购罗斯切尔德爵士的禽皮标本，因为当时后者为了支付一笔勒索赎金，不得不出售其珍贵的禽皮标本；这一部分标本成为迈尔此后 20 年研究工作中的一个重要组成部分。远离纳粹势力肆虐的祖国，迈尔永久性定居了美国，并于 1935 年与玛格丽特·西蒙结婚。迈尔夫妇一共生育了两个女儿。他们的幸福婚姻稳定维系了 55 年之久，直至玛格丽特于 1990 年辞世。

由于二战爆发，再次前往南太平洋进行科学考察活动成为不可能的任务，迈尔就专心研究美国自然史博物馆收藏的标本，并且开始愈发对进化生物学研究产生浓厚的兴趣；而进化生物学在 20 世纪 40 年代早期正陷入一个僵局。进化论之父达尔文描述了特定物种通过自然选择的方式进化的过程，但从未对来自共同祖先的后代如何能够产生巨大分歧从而形成不同物种的机制加以说明。20 世纪早期重新发现的孟德尔遗传机制为现代遗传学奠定了基础，但早期的孟德尔主义者坚持认为：孟德尔在研究工作中采用的严格数学方法及其发现的豌豆高度等形状的不连续变异现象推翻了达尔文的连续变异观点。这就是遗传学与自然选择学说结合成"综合进化论"之前的境况。而且，进化论当时面临的最大困难之一就是缺乏一个明确的物种概念。人们假定物种包括大量共有某些可识别特征的生物个体，但具体有哪些特性是明确可靠的，却又存在诸多争议。没有一个明确的物种定义，就不可能回答物种如何起源和分化的问题。

在这个概念混乱、争论不休的进化生物学"春秋战国"时代，负责鉴定保存在美国自然史博物馆的众多鸟类标本的迈尔陆续发表了大量鸟类分类学方面的著作。他发表的鸟类分类学论文超过了 100 篇，包括《西南太平洋的鸟类》（1945 年）在内。迈尔在 1940 年提出一个物种的定义，即"生物学物种"的概念；他认为物种不仅仅是一群形态相似的个体,而且是"一群能够(或可能)相互配育的自然种群,它们与其他这样的种群在生殖上相互隔离"。这一定义被研究诸如哺乳类、鸟类和鱼类等现存高等动物的科学家视作是一种简洁的表达方式,从而被科学界广为接受,并引导研究者们发现了大量此前未知的物种。在他长达80年的学术生涯中,他一共命名了25个鸟类新物种和410个亚种。迈尔曾经谈到过自己对美国和德国鸟类学会之间存在的差异感到吃惊,他注意到德国的学会"要更加科学,更加注重生活史和繁殖鸟类种以及最新文献的报道"。于是他结合德国良好的研究传统,来指导美国年轻的鸟类学家,并通过这种途径影响了美国的鸟类学研究工作。迈尔在纽约林奈学会的资助下组织了一月一次的研讨会,并且鼓励研讨会的成员们进行各自具体的研究项目。迈尔这样评价自己和当地观鸟者们在一起的时光:"在刚来纽约的那几年,我只是一个身处大城市的异乡人,我在林奈学会找到了志趣相投的人,后来就变成了友谊,这是我生命中最重要的事情。"

1953年,迈尔成为哈佛大学动物学系亚历山大·阿加西动物学教授,并在1961—1970年期间担任哈佛大学比较动物学博物馆馆长一职,他主持了该馆的新建工程,而新建的图书馆则在10年后以他的名字命名。1975年,迈尔作为动物学荣休教授退休,著作等身,荣誉无数。在退休之后,他依然笔耕不辍,继续在不同期刊上发表了200余篇文章,数量超过许多科学家终其一生所发表的论文数量。他于1982年出版了《生物学思想发展的历史》,此书涵盖了生物学的历史、观念的发展和哲学等诸多方面,被誉为生物学思想史上的史诗巨制,并因此获得科学史领域的最高荣誉——萨顿奖章;他甚至在 99 岁高龄还出版了《进化是什么?》一书。迈尔所著 25 部著作中,有 14 部是他 65 岁之后出版的。迈尔甚至在他度过百岁生日之后依然坚持写作。百岁生日那天,他还接受了《科学美国人》的采访。

1954 年迈尔当选为美国国家科学院院士;他一生中获得 7 个国家的 16 所大学和研究机构授予的荣誉博士学位,并获得过多达 33 个奖项,涵盖了一个科学家在其研究领域可能获得的所有奖项:1970 年的国家科学奖章、1983 年的意大利巴仁奖、1994 年的国际生物学奖和 1999 年的克雷福德生物科学奖——进化生物学家和生态学家的诺贝尔奖;还有 1986 年的科学史学会萨顿奖章——科学史领域的至高荣誉。

迈尔于 2005 年 2 月 3 日逝于美国马萨诸塞州贝德福德的家中,享年 100 岁。自此以后,科学界失去了一位巨人和充满灵性的思想者。哈佛大学动物学教授兼比较动物学博物馆馆长詹姆斯·汉肯如是评价说:"迈尔关于物种形成的理论有一些争议,但是没有人怀疑他是个天才;他对博物学和进化生物学——特别是鸟类有着深刻的见解。"此外,"他还是自然史博物馆杰出的支持者"。

二、在生物学研究领域

迈尔以鸟类学家的身份开始了他长达 80 年的学术生涯,并最终成为生物学进化思想发展史上的一位巨人。观其一生,他的工作可以大致归纳为三次综合:第一次是将鸟类学、分类学和动物地理学综合在一起，这是迈尔于 1926—1953 年期间分别在柏林自然历史博物馆和美国纽约自然历史博物馆任职时完成的工作；第二次是从 1953 年开始，直至 50 年代后期，他着力推动进化生物学的发展，研究并阐明了进化过程中新性状的出现、隔离机制的本质、生物学物种概念、种群生态—地理分离的重要性以及进化的双重性质（"垂直的"种系渐变和"水平的"地理空间进化）；第三次是他自 50 年代末开始对生物学史和生物学哲学进行的综合。迈尔发现：在科学发展的历史中，同样存在类似有机体进化过程中出现的主题、概念、问题和观念的进化。

迈尔最初以及后来很多突出的学术研究成果都是围绕着鸟类学进行的。他非常重视鸟类学研究对人类知识体系，尤其是进化论体系的巨大贡献。迈尔曾就鸟类学在不同领域（系统分类学、进化生物学、物种的形成、进化形态学、生物地理学、生态学、种群生物学、生理学和行为学）知识积累和科学进步中做出的成绩进行过详尽评述，并且主张鸟类学家凭借对观察数据的科学处理以及精心设计的对照观察，充分说明在实验已经被认为是科学研究唯一方法的时期，鸟类学家以其卓越的研究成果证明观察同样是一种重要的科学研究方法。

迈尔最为著名的工作是其对现代综合进化论的杰出贡献。在 20 世纪 20 至 50 年代生物学家综合达尔文自然选择学说以及孟德尔定律的伟大工程中，作为建筑师之一的迈尔强调性选择在进化中的作用，并坚持自然选择的主要对象是个体生物而不是基因、细胞、遗传特征、器官、群体或者物种。他在 1942 年出版的书《动物学家的系统分类学与物种起源观点》成为现代综合进化论的奠基石之一，自此从达尔文开始的进化论的综合得以完成。这本著作同时使他成为该理论的奠基人之一。如今这一综合理论已被生物学界广为接受。

迈尔也协助创办进化论研究学会和专门研究进化生物学的杂志《进化》。同时他倡导生物学史和生物学哲学的研究，在他之前其他许多生物学家都忽略了这一领域。

迈尔在 20 世纪 30 年代和 40 年代的工作使其闻名遐迩，其著作《动物学家的系统分类学与物种起源观点》与杜布赞斯基的《遗传学与物种起源》以及辛普森的《进化的速度和样式》构筑了进化论的"现代综合"体系，该体系将孟德尔的遗传学理论和达尔文的进化以及自然选择理论成功地结合在一起。迈尔倡导异域式物种形成，他假定分布区不重叠的种群之间积累的适应性遗传变异能够导致杂种体内非等位基因的相互作用，尤其是一个基因对另一个基因所表现的显性现象减弱，从而导致后代不育。亦即地理隔离导致生殖隔离，而生殖隔离则是物种形成的基础。这种观点可以追溯到他的生物学物种概念，他认为物种不仅仅是一群形态相似的个体，而且是"一群能够（或可能）相互配育的自然种群，它们与其他这样的种群在生殖上相互隔离"。迈尔称这是一个由"鸟类学家与某些昆虫学家例如英国的爱德华·波尔顿和卡尔·乔丹一起倡导"的概念。这一定义被研究诸如哺乳类、鸟类和鱼类等现存高等动物的科学家视作是一种简洁的表达方式，从而被科学界广为接受。但这一假设只适用于进行有性生殖的物种，而忽略了无性生殖的物种，并且不同种的成功交配在生物的演化过程中甚至可能占有一席之地。所以自生物学物种的概念问世以来，就不可避免地面临着来自不同领域的质疑，有人希望能够依据物理"定量的"或"实验的"标准定义物种，也有人质疑古生物学家如何才能检查化石的生殖隔离；关于无性繁殖生物的物种概念，迈尔认为有必要将物种的定义修正为"物种不但是以生殖隔离为特征而且它还以占有物种特异性的生态（学）生境为特征"，以便借助于高度多样化的生境来分辨单亲繁殖生物之中的物种分类单位。鉴于植物相比于动物更为复杂的繁殖现象（例如多倍性、杂交、自花授粉以及植物个体的固定性等等），凡尔纳·格兰特等人又指出在植物物种的概念与迈尔的生物学物种概念之间就存在巨大区别。

迈尔在美国纽约自然历史博物馆工作的 21 年间，描述了南太平洋鸟类的 26 个新种和 455 个新亚种。他因此被称作"在他同时代及其以后研究者中，对现存鸟类的种和亚种描述最多的人"。他的鸟类学研究帮助他形成了生物学物种概念；此外他的边域性物种形成理论也被视作物种形成的标准模式之一，并且成为间断平衡理论的基础。

1940 年代的遗传学家严重依赖数学模型进行进化研究，几乎没有遗传学家会留意观察野生状态下的不同物种或者进行野外试验。作为一个受过传统生物学训练的、几乎没有数学背景的科学工作者，迈尔对早期遗传选择研究领域中那些采用数学方法研究进化论的遗传学家（霍尔丹、费舍尔等人）持批评态度，并把这样的研究方法称为"豆袋遗传学"（20 世纪四五十年代，在遗传学教学实验中，采用装在袋子中的各色豆子代表基因，模拟每一代基因的分离和组合，故被迈尔讽为"豆袋遗传学"）。在他看来，这种只考虑增减基因的进化遗传学并没有考虑到基因间可能存在的相互作用，而且他主张还应该将生殖隔离等因素纳入考虑范围之内。事实上，正是在数学群体遗传学与研究种内和种间地理变异的博物学家们的群体思想相融合之后，现代综合进化论的框架才得以大致形成。也是基于类似的想法，迈尔也批评卡尔·乌斯用 16S rRNA 的分子系统学分析定义古菌的研究工作，认为他虽然遵循亨尼希的支序分类学传统，却在很大程度上忽略了自新征，即忽略了真核生物重要的衍生特征。

迈尔与分子遗传学家也有过类似的分歧，他认为分子遗传学家都是还原论者，只关注个别基因或者分子，而不考虑作用于整个有机体、种群和物种的环境因素。迈尔将生物学划分为研究近因的功能生物学和研究远因的进化生物学两大领域，并且强调虽然大多数功能生物学现象能被分解为物理—化学成分，但生物学研究由于其不同于非生命物质研究的特殊性，物理学和化学的研究方法并不完全适用于生物学的主题内容。

三、在生物学哲学研究领域

作为一位罕有的、对生物及其相关诸多领域具有全面而广泛了解的科学思想大师，迈尔一方面在生物学研究方面获得了令人瞩目的成功，另一方面也致力于思考生物学哲学的问题，从而有力推动了当代生物学及其哲学的发展。

首先，他竭力争取生物学的自主性地位。身为一名动物学家的迈尔抱怨说，那些摆放在书架上标着"科学哲学"的众多书都应该重新将标题换作"物理学哲学"更为合适。迈尔极力反对"大物理沙文主义"，并且坚信长期以来被尊奉为圭臬的物理学的历史和方法论不足以构成科学本身的历史和方法论，物理学的语言并不是构成纯正科学理论的唯一语言。作为现代综合进化论的巨擘之一，迈尔一贯坚持生物学不同于其他学科，作为一门自主的、基于历史偶然性和众多不可预测与巧合因素而成的学科，生物学与物理学有着本质的差别，因此无定律可言。规则，而非定律，是人类在生物学里所能发现的全部东西；并且认为以物理学为中心的科学史和科学哲学与生物学之间没有多少相关性。他强调指出，生命系统具有明显层次结构，并且在从低级层次向高级层次系统发展的过程中，往往会突现新的特质。达尔文进化论的出现显示了物理世界图景的不完善性。它引入了物理学世界图景所轻视或缺少的一些概念，如变异、过程、偶然性、多样性、概率、不确定性、目的性和历史性。几个世纪以来，人们习惯于以物理学的眼光看待科学史、评价其他的学科，习惯于把物理学看成是科学的模范，而"科学哲学"就一直等同于"物理学哲学"。但是，生命是最为复杂和最为高级的物质形式，一个统一的科学应该以"生命"为研究中心才有可能建立起来。在生命科学中，历史叙述比定律解释更加重要，概念或原则的发展是生物学进步的重要象征，生物学家运用所谓的目的性语言是正当合理的，物理科学不是科学的标准范式。那些实证主义的现象描述或者证伪主义的刻板教条或者所谓物理主义的范式都无法体现生物学这一多分支的综合学科思想的独特性。迈尔致力于建立一种新的科学哲学，它不仅包括物理科学的而且还包括生物科学的原理和概念，唯有如此，才有望统一生命科学和物理科学的世界图景。从这个角度来看，在当代生物学哲学自主论和分支论两大理论倾向之争中，迈尔是坚定的自主论者。他主张生物学，尤其是进化生物学有其独特的研究传统和概念框架，所以他特别反对物理沙文主义。

其次，在迈尔的很多著作中，他都反对进化生物学中的还原主义思想。摩尔根等遗传学家曾嘲笑进化论研究是猜测性而非实验和还原性研究，甚至宣布遗传学研究几乎就是化学研究。生理学家和细胞生物学家一时间成为生物学界最受尊重的成员，那种以物理学范式和数理逻辑方式进行研究的风气成为时尚。在迈尔看来，将所有进化现象都还原到基因层次，然后用"上溯"推理的方式来尝试解释更高层次的进化过程，这种方式注定要失败。因为进化的压力是作用在整个生物体上的，并且进化涉及个体的表现型，涉及群体，涉及物种，进化不是"基因频率的变化"。在他看来，生物有机体的独特性决定了生物学的自主性，从而也决定了生物学哲学的特异性；概率性定律、目的性说明和解释等成为生物学哲学的独特之处。而这些特异性是以决定论与非决定论、本质主义与非本质主义的哲学论战为基础的。

迈尔还对支配着西方世界思想千年之久的本质论进行了深刻的批判，在达尔文之前，西方世界通常是采用本质论的眼光看待生命属性的，也就是设想所有物种自始至终都是不变的（其实时至今日，仍有一些反对进化论的宗教人士坚持这种观点），这些固定的特性界定了具体实体的"本质"。在进化论出现之前，本质论作为一个科学理论经历了长期的演进；持本质论观点的生物学家断定所有物种都是恒定不变的。这种思想指导下的分类学家们认为各个物种都有其理想的形式；作为这个物种的完美体现，即"模式/类型"，它具有该物种的所有特征。只有与该模式足够相似的个体才能被纳入到该物种。这是与从进化角度理解生命的重要基础——种群思想完全不相符的一种观点。杜布赞斯基曾经一针见血地指明："如果不按照进化思想思考问题，生物学的一切将无法理解。"迈尔清晰地指出：种群思想宣称的、用于描述生物群体的统计学术语是抽象的（也就是说，不是这个世界的客观真实的特征），而且由个体表现出的变异是这个世界具体而实在的特征，从而使之成为建构生物理论体系的首要因素。与本质论相反，种群思想将物种视作真实存在的个体（而非集合体），并认真对待该物种每个个体的变异。"不存在两个完全一样的个体或者生物学事件，只有通过研究变异才能真正理解生物学的过程。"

迈尔也是一个直言不讳的科学方法捍卫者。其中一个著名的例子就是他批评哈佛大学教授保罗·霍罗威兹寻找外星人的研究，说这样的研究是在浪费大学和学生资源，因为它不能对科学问题做出解答。迈尔也反对以基因为中心的进化论观点；他提倡对整个基因组进行研究，而不是仅仅针对孤立的基因本身。他一直坚持认为：在现代进化论思想中，作为选择目标的基因不能也不应该成为一个正确的观念，这一点应该成为现代进化论思想确凿无疑的一个信念。所以他批评理查德·道金斯关于进化对象是基因的基本理论根本就不是达尔文主义。针对这个论点,迈尔认为:"有些人认为基因是选择的目标,这种想法完全是不切实际的;对于自然选择而言,基因完全不可见,而且就是在基因型中,基因也是和其他基因相互作用的;这种基因之间的相互作用使一个特定基因既不会变得更加有利也不会变得更加不利。事实上,比如像杜布赞斯基,致力于所谓致死染色体的研究,这种染色体在一个组合里相当成功,在另一个组合中却变成致命性的。所以,像英国的道金斯他们仍然认为基因是选择的目标,这种想法明显是错误的。在 20 世纪三四十年代,人们广泛接受基因是选择对象的说法,这是因为这是唯一能够让他们运用数学的途径;但是现在,选择的目标是个体的整个基因型而不是基因。除了些许的修改,达尔文的基本理论在过去 50 年内并没有发生什么改变。"

此外,迈尔还澄清了群体论者和类型论者之间的本质区别,即:在类型论者看来,类型(理念)是真实的,而变异则是幻象;而在群体论者看来,类型(平均值)是一种统计学上的抽象,而只有变异是真实的。借此,这两种看待自然界的思路差异得以厘清。

四、在生物学史研究领域

迈尔在生物学迅猛发展的 20 世纪,敏锐地意识到遗传学和分子生物学的进展对进化论的影响。他回顾说,"进化生物学在其头 90 年(1859 年至 20 世纪 40 年代)包括两个极为不同的领域:种群的演进变化和生物多样性,它们分别是遗传学家和博物学家(分类学家)的领域。这一阶段的历史通常是由遗传学家们写就的,他们经常会忽视生物多样性的进化。作为一个博物学家,我认为这种忽视是历史分析中的重大缺憾"。

作为一个进化论的忠实捍卫者,迈尔自始至终从各个方面为进化论进行不遗余力的辩护。例如,当波普尔认为"自然选择"理论是不可检验的,是同语反复,缺乏经验内容时,迈尔就针对波普尔的观点,对"适者生存"和"自然选择"说法的来源以及含义进行了澄清,并进一步推动达尔文进化论思想的发展。例如,迈尔指出:如果任由与迈尔同时代的分子生物学家对进化论的轻蔑态度自由发展下去,那么傲慢的分子生物学家们终将发现,如果没有了进化思想的逻辑,他们的研究领域将变得毫无意义。例如,迈尔反对让医科学生牢记人体206块骨头的名称却不给他们开设一门进化生物学课程的荒谬做法,因为进化生物学会使那些未来的医生从自然进化(设计)的角度理解人体及人体机能。

鉴于达尔文从唯名论的立场认识"物种",即在哲学意义上,达尔文认为物种这个概念不是真实的,物种并不存在,存在的只是相互作用的个体。迈尔和朱利安·赫胥黎以及乔治·盖劳德·辛普森一起,在20世纪50年代厘清了"物种问题"。确定了物种是真正的生物实体,有其自己的特征和历史。迈尔与杜布赞斯基一起,将对物种的定义发展为"一群能够相互配育的自然种群,它们不能与在同一地区的其他这样种群进行基因交流"。基因交流的障碍(即生殖隔离)的提出为进化生物学家们提供了一个客观标准,使得研究物种究竟如何产生成为可能。虽然生物学物种的概念在理论和实际应用上还面临一些问题（比如它适用于诸如细菌一类营无性生殖的生物），但截至目前，它仍然是过去几十年里所提出的多种物种定义中应用较为广泛的一个概念。全世界学习生物学的学生牢记这一概念已经有超过半个世纪的时间了。

在进化论的研究方面，迈尔认为"从生理学和进化的角度看，将基因视作自然选择中的独立单位是毫无意义的"。他坚持应该将诸如生殖隔离等因素考虑进来。因此，他质疑数学模型与进化论研究的相关性；基于同样的理由，他也极力反对卡尔·乌斯等人在分子进化方面的研究。对此，詹姆斯·克罗等人提出了不同意见。实际上，也正是由于切特韦里科夫、费歇尔及霍尔丹等人采用数学方法定量研究自然选择在群体进化中的作用，才使得群体遗传学的发展有力推动了进化论思想的发展。

迈尔自20世纪70年代之后开始成为一名多产的生物学史作者，特别是进化论的历史。他的代表性著作包括《生物学思想发展的历史》（1982）、《一个绵长的论证：查尔斯·达尔文和现代进化论思想的综合》（1991）以及《这就是生物学》（1997）。他将生物学史的写作扩展到生物学思想发展史的深度，在此过程中，他采用了包括常规的历史分析、逻辑分析和考据等方法，也实践了他独特的概念和学说梳理、对立面考察、错误学说的启示以及思想体系（世界观）分析等研究方法。他的写作风格流畅而清晰，令众多英语是母语的作者也自叹不如。

关于科学史写作中争论已久的辉格史倾向，奠定了迈尔在生物学史研究领域重要地位的《生物学思想发展的历史》一书，也使迈尔被指责为辉格史学科史的编写者,虽然迈尔也反对极端的辉格史倾向,但他承认极端的反辉格史事实上是无法实现的。

五、结　语

对于迈尔的杰出成就,他的同代人以及后辈都有许多中肯的评价。美国生物学家道格拉斯·弗图伊玛的评语充分表现了科学界对他的敬仰之情:"人们禁不住惊叹这位德国人的巨大的、无所不包的综合能力:伽利略将毕生的精力奉献给浮士德,瓦格纳将艺术与总体艺术的整合,其中,所有的人类历史与经验都被写成史诗神化。迈尔的《生物学思想发展的历史》似乎延续了这一传说:一本所有生物学的历史。文中充满诸如还原论的失败、生物学从物理学中的独立之战、群体思维从本体论的束缚中解放出来等话题。迈尔的目标是将所有生物学历史整合到一起,在过去的历史中汲取成功的思想,为科学哲学指明方向。"

迈尔在他100岁生日之际,在《科学》上发表了一篇论文,回顾了自己近80年来进化论研究的历程。在结束语中,他这样写道:"对于活跃的进化论者们而言,新的研究带来了一个最令人鼓舞的消息:进化生物学是一个无止境的新领域,仍然有很多未知的事物有待发现。我的遗憾就是,我将不能再与诸位一同去享受这些未来的发展了。"其实,正如人们所相信的,虽然进化论生物学的天空陨落了一颗充满理性的巨星,但他的光芒并未就此消失,他的思想将会继续在年青一代的进化生物学家中得到体现和发展。

(作者:程路明)

英格拉姆

分子医学之父

弗农·马丁·英格拉姆
(Vernon Martin Ingram, 1924—2006)

过去的 20 世纪，科学技术得到了迅猛发展，许多学科都取得了突破性的进展，其中以两大学科最为突出，那就是物理学和生命科学。前 50 年，可以说是物理学的天下，以普朗克等的量子力学和爱因斯坦提出的相对论为标志，使物理学界发生一场巨大的革命；后 50 年生命科学成为科学的主流，以 1953 年沃森、克里克 DNA 双螺旋模型的提出为标志，到 70 年代基因工程、单克隆抗体技术的出现使其达到了一个高潮。生命科学的巨大进步也为医学发展发挥了巨大的推动作用，其中 1956 年镰刀型贫血病人血红蛋白单氨基酸替换的发现则标志着医学进入分子水平，而做出这项重大发现的科学家就是刚刚去世的德国裔美国籍的弗农·马丁·英格拉姆。这个成就可以说是医学甚至生命科学发展过程中的一个分水岭，在科学史上具有里程碑式的意义。然而 20 世纪 50 年代的生命科学领域是一个大师频出的时代，许多做出重大贡献者都获得了诺贝尔奖，从而使他们的知名度大大增加，而同时由于种种原因，许多同样做出重大贡献的大师却未能获得这项荣誉，如艾弗里、富兰克林、查格夫以及刚刚去世的英格拉姆等，他们的受关注程度明显较低，这对他们显然是一种不公正的待遇，而本文通过介绍被誉为"分子医学之父"的英格拉姆的生平、科学成就及科学历程以对他和分子医学的发展有一个全面的理解。

一、早期求学

1924 年 5 月 19 日,英格拉姆出生于德国的布雷斯劳(现为波兰西南部城市,更名为弗罗茨瓦夫),父亲是一位犹太人,并且还是一位成功的木材经销商,因此家庭条件较为优越。英格拉姆从小就对自然科学充满了极大的兴趣,他回忆道,"从 10 岁开始就总是试图理解许多事物的工作机理"。英格拉姆总喜欢修补和改装一些简易设备,在当时的纳粹德国安装无线电接收器是一种非法行为,受到当局的严格禁止,然而英格拉姆还是制备了一个简易接收器,尽管存在危险,但是他可以通过这个设备了解到外面发生但当局不予报道的事情。1938 年,英格拉姆 14 岁的时候,由于德国希特勒针对犹太人的迫害日益加剧,因此全家搬到了伦敦。

1941 年,英格拉姆进入伦敦大学伯克贝克学院学习。伯克贝克学院与许多传统学院有很大的不同,它的课程主要包括化学、数学和动物学等自然科学,更为重要的是学院还提供了周末课程,使学生可以获得更多自然科学方面的知识。英格拉姆回忆道,在二战期间他和其他同学非常幸运,因为伯克贝克学院是唯一没有撤离的学院,所以学生们还可以继续接受正规的教育。但为了战争的需要,学生在学习之余还需要进行一定的工作以保障战时的需要,其间英格拉姆在一家生产安非他明等药物的化工厂工作,该工厂的主要目的是为正在进行的战争提供急需药品。这份工作使英格拉姆有机会接触到许多优秀的科学家,特别是能够聆听到一些非常重要的演讲，这使他对动物生理学产生了极为浓厚的兴趣，而正是这段经历使英格拉姆最终从事了生物化学的研究。1945 年，英格拉姆获得化学学士学位，并且继续留在伯克贝克学院，跟随巴罗教授学习物理有机化学。

1949 年，英格拉姆获得了有机化学的哲学博士学位，随后进入美国开始了自己的博士后研究。英格拉姆在美国先后完成了两个博士后研究，首先由于获得洛克菲勒基金会奖学金而进入纽约洛克菲勒研究所（洛克菲勒大学的前身），跟随库尼特兹教授学习蛋白质的制备、纯化和结晶方法，第二个博士后在纽黑文耶鲁大学福如顿实验室进行多肽化学的研究，并发明了一种新的 N 端蛋白质测定法。这两项研究为英格拉姆在蛋白质研究方面奠定了坚实的基础。

二、进入剑桥

1952 年，英格拉姆准备回到英格兰，但令他失望的是发出的 32 份申请信都石沉大海，音信皆无，这让英格拉姆非常焦急，由于当时的通信方式还比较落后，因此英格拉姆只能苦苦等待着回信。巧合的是，恰在此时福如顿实验室加入了一位来自英国的博士后加特夫纽德。加特夫纽德来自英国剑桥大学，对卡文迪许实验室的医学研究委员会非常熟悉，重要的是还与该委员会主任——著名的蛋白质 X 射线晶体学家佩鲁兹关系密切。加特夫纽德告诉英格拉姆，佩鲁兹当时正需要一位蛋白质化学方面的专家，特别是具有可将特定重金属原子放置在血红蛋白晶体特定位置从而可进行 X 射线晶体分析的研究人员，而英格拉姆相信自己可以做得很好。加特夫纽德鼓励英格拉姆申请这个职位，而随即英格拉姆就向佩鲁兹提交了申请。尽管英格拉姆未抱太大希望，然而没想到的是 1952 年 9 月被卡文迪许实验室 MRC 接受，这样英格拉姆就愉快地回到了英格兰。

20 世纪 50 年代的剑桥大学在生命科学领域可以说是大家云集，领导蛋白质结构研究的肯德鲁和佩鲁兹，阐明了 DNA 双螺旋结构的沃森和克里克都在卡文迪许实验室，而阐明了胰岛素一级结构的桑格在剑桥大学的生物化学系与英格拉姆所在实验室也就几步之遥。在充满学术氛围和坚强实力的科研圣地，英格拉姆取得重大成果也在情理之中，尤其是桑格的实验室就在附近，这为英格拉姆的蛋白质研究提供了很大的保证。MRC 的实验室尽管不大，但其中的仪器在当时却都非常先进。英格拉姆所在的生物化学室只有 4 个人，隔壁的一间大办公室住的就是克里克，后来沃森和布雷内也加入其中。实验室主持人佩鲁兹和肯德鲁分别使用 X 射线技术研究血红蛋白和肌红蛋白的结构。实验室还有一个装备精良的仪器室，这为高水平的实验研究带来了极大的便利。

在当时，世界上有两个主要的蛋白质结构研究中心，一个是佩鲁兹的实验室，另一个是美国加州理工学院鲍林领导的实验室，它们的一个共同特点是研究的主要物质都是血红蛋白。佩鲁兹、鲍林和其他研究者之所以选择血红蛋白是基于以下几个方面的原因：血红蛋白可以将氧气从肺运输到全身组织，因此具有非常重要的生理功能和实际应用；血红蛋白在血液中的含量非常丰富，尤其是红细胞中含有高浓缩的血红蛋白，因此容易制备高纯度和高质量的样品；血红蛋白容易被结晶，因此非常适宜使用 X 射线晶体衍射研究高级结构。

佩鲁兹需要有人帮助制备一种血红蛋白携带重金属原子的衍生物，以有效进行蛋白质 X 射线晶体衍射分析。英格拉姆根据当初的申请而专一负责这项工作，一方面由于蛋白质化学方面的背景，另一方面由于血红蛋白分子结构本身的特殊性，所以被证明是一件非常简单的工作。血红蛋白分子的 1/2（αβ 亚基）结构具有不对称性，只含有单一的半胱氨酸活性巯基，因此非常容易将汞原子结合其上，并成功实现结晶，这个衍生物的成功制备和晶体化使佩鲁兹和学生很快于 1954 年就得到了血红蛋白的第一张三维投射图，该项研究为佩鲁兹最终获得诺贝尔奖发挥了重要的作用。由于佩鲁兹研究小组在血红蛋白结构方面的巨大成功，而当时蛋白质高级结构的研究还是一个新的课题，因此吸引了世界各地大量的参观者，这造成实验室逐渐变得非常拥挤，而这恰恰又是一个成果丰富实验室的最好象征，也部分印证了卡文迪许实验室在 50 年代生命科学的中心地位，于 1962 年囊括了诺贝尔化学奖和生理学或医学奖。这段时间，英格拉姆不得不在一个旧的自行车棚改装的实验室中研究，然而也就是在这里，他获得了镰刀型贫血血红蛋白水解肽段的第一张指纹图谱。

顺利地完成了佩鲁兹委派的任务给英格拉姆留出很多宽余的时间，英格拉姆逐渐开始了独立的科学研究。英格拉姆首先对血红蛋白分子中血红素与蛋白质中氨基酸侧链之间关系产生浓厚兴趣，一开始认为血红素基团可能与氨基酸发生共价结合。为了验证这个推测，英格拉姆开始制备并研究含有高度可见血红素基团的血红蛋白胰蛋白酶水解片段。然而结果并非如此，从血红蛋白的 X 射线衍射结构中未发现血红素与任何氨基酸侧链形成共价键，相反它们通过非共价键的形式实现了精确的相互作用。尽管这个结果未达到预期目标，然而这项研究一方面使英格拉姆发现了新的现象，另一方面对血红蛋白有了更深入的认识，而就在此时一个偶然事件使英格拉姆开始研究镰刀型贫血的发病机理。

三、镰刀型贫血的研究

镰刀型贫血最早于 1910 年由赫里克描述，该病主要在非洲和美洲黑人中高频率发生，发病者在很小的时候就会死去，然而对其发病原因一直缺乏完全的了解。1949 年，美国密歇根大学的遗传学专家詹姆斯·尼尔对镰刀型贫血的遗传学特征进行了深入研究，发现它的发病符合孟德尔遗传规律，并得出是一种单基因隐性遗传疾病，纯合体病人会出现严重贫血。

对镰刀型贫血在分子水平的研究则开始于 1948 年，波士顿医院血液科的卡斯特尔将镰刀型贫血情况告诉给当时著名的蛋白质化学家鲍林，而鲍林对该问题表现出极大的兴趣。临床的一系列观察表明镰刀型红细胞主要成分——血红蛋白的行为存在异常，根据这种现象鲍林和学生艾塔诺及同事决定使用当时研究蛋白质化学新出现的方法——电泳来区别两者的差异。结果显示两者泳动速度确实存在不同，镰刀型贫血病人红细胞中的血红蛋白

（hemoglobin S，HBS）比正常血红蛋白（HBA）的电泳速度慢，随后等电点分析表明无论氧合还是脱氧状态 HBS 都比对应 HBA 等电点高，据此鲍林推断 HBS 应该比 HBA 多 2~4 个净的正电荷。这个发现不仅令人信服地说明了特定基因可以影响特定蛋白质的化学结构，而且还说明蛋白质的结构改变可以导致疾病的发生。因为镰刀型贫血是由于蛋白质结构改变而引起的疾病，是在分子水平上阐明的发病机制，所以鲍林创造了一个新名词分子病来描述这类疾病，而镰刀型贫血也顺理成章成为第一种被鉴定的分子病。

鲍林的研究尽管清晰地表明血红蛋白结构改变是造成镰刀型贫血发生的原因，然而现在留下了一个更大、更为重要的问题，HBS 到底发生了什么改变，或者说两种血红蛋白的结构到底存在什么不同。这个问题涉及基因如何控制蛋白质，当时推测的一种可能是镰刀型贫血基因的突变仅仅是一些血红蛋白结构化学分子改变的可能性（不具有确定性），符合统计学分布，最终导致疾病的发生（该解释还是认为基因与蛋白质之间缺乏必然的线性关联）；另一种解释是基因突变效应非常精确，可以导致其决定的产物在特定位置发生改变。两种理论何种正确的关键是镰刀型血红蛋白到底发生了什么改变，而当时仅仅使用电泳来研究全蛋白根本无法很好地解决这个难题，因此鉴定血红蛋白中的差异随即成为科学界的一个挑战，考虑到血红蛋白的分子量，因此这是一个显而易见的挑战。

另一件事也促使英格拉姆对 HBS 结构的研究。20 世纪 50 年代中期，克里克敏锐地意识到基因的突变将导致蛋白质中氨基酸序列改变，后来这种思想在分子生物学领域引起了一场革命（克里克后来的中心法则在一定程度上就是这种体现）。尽管克里克在 1955 年就已提出该观点，然而当时还缺乏直接证据说明蛋白质由基因来编码，因此克里克和英格拉姆决定通过实验来验证，他们选择禽类卵中溶菌酶作为研究对象，由于当时可用的分析手段有限，因此无法得出明确的结论，这意味着需要换用其他材料来研究。然而，英格拉姆真正选择 HBS 作为研究对象是由于 HBS 本身是佩鲁兹前期工作的一项内容和一次偶然事件的结果，而正是对血红蛋白的研究为克里克的观点提供了部分证据。

佩鲁兹在早期研究时曾经关注过镰刀型贫血病人体内的血红蛋白，并且于 1950 年已经发表文章，阐述了镰刀型红细胞在缺氧的静脉内容易被破坏，而导致贫血的原因是在无氧情况下，镰刀型贫血病人的血红蛋白溶解度低最终沉积使红细胞遭到破坏，但具体原因却无法解释。后来，佩鲁兹的主要精力集中在血红蛋白高级结构的阐明，因此镰刀型贫血就暂时搁置下来。幸运的是英格拉姆完成佩鲁兹指派的计划不久，一位访问学者的到来为该计划的启动发挥了巨大的推动作用。

安里森是一位研究镰刀型贫血的细胞生物学家，他的研究发现尽管带有 HBS 基因纯合体会由于贫血而致死，然而 HBS 基因杂合体人群并不表现出严重贫血，相反该人群对疟疾却具有较强的抗性，这个发现很好地解释了镰刀型贫血在非洲普遍存在的原因，疟疾在非洲较为常见，因此 HBS 基因容易保留下来。安里森之所以来到 MRC 是由于佩鲁兹也对镰刀型贫血感兴趣，并且在蛋白质结构方面拥有巨大的实力。安里森的初衷是能够获得 HBS 蛋白的晶体，并使用 X 射线衍射得到其空间结构，然后与正常的 HBA 结构（佩鲁兹已经获得）进行比较，从而对 HBS 的作用机制有深入的理解。然而遗憾的是安里森的想法未能得到实现，原因是 HBS 蛋白很难获得理想晶体，因此获得结构图也无从谈起。安里森只能无奈地离开佩鲁兹实验室，为了表示对佩鲁兹的感谢，将实验剩余的 HBS 蛋白样品全部赠予了实验室。这对英格拉姆而言是一个天大的礼物，这样 HBS 蛋白样品问题解决了，正常 HBA 蛋白英格拉姆可以从自己血液中获得，而 HBA 的提纯也是佩鲁兹实验室的常规方法，材料解决了，接下来的问题是如何对两者进行分析了。通过这件事可以看出英格拉姆成功的原因之一是在正确的时间（分子生物学刚刚诞生）、正确的地点（拥有超强蛋白质研究实力的卡文迪许实验室）选择了一件正确的事情（比较 HBS 和 HBA 的区别）。

四、血红蛋白单氨基酸突变的发现

尽管英格拉姆的准备工作做得很完善，然而真正实施起来还存在很大的难题。20 世纪 50 年代初期，只有少数科学家相信纯的蛋白质是一种由特定氨基酸构成的生物大分子，许多科学家还坚信蛋白质是一种复合物，而不是纯净物。虽然当时已通过氨基酸含量分析说明一种纯蛋白质只含有氨基酸，但由于测量手段所限，精确度不高，很难排除其他成分的存在。1934 年，贝纳尔和同事制备成功胰蛋白酶的结晶，并获得其 X 射线衍射照片，这是最早的蛋白质结构图，尽管这个事实也说明蛋白质是一种纯净物，然而当时分辨率只能达到 6 埃，这为研究结果增添了许多不确定性，因此在 20 世纪 50 年代蛋白质结构研究还是一个只有很少人敢涉足的领域，这为英格拉姆的研究带来了巨大的挑战。然而有利的是，1953 年桑格胰岛素 A、B 链测序刚刚完成，这对英格拉姆的研究工作具有极大的启发，然而真正实施起来还是困难重重。

佩鲁兹的 X 射线研究初步显示血红蛋白的结构是一个左右对称结构，应该由两部分组成，因此只需要研究 1/2 的结构（总分子量大约 68000，1/2 即 34000），因为这部分可能含有大约 300 个氨基酸（后来证实这 1/2 结构实际上包含 αβ 两条链），即便如此血红蛋白的分子量仍然是胰岛素的 6 倍，而是单独胰岛素 A 链的 15 倍左右。桑格胰岛素的测定花费了 10 年时间，尽管当时蛋白质测序技术得到了一定的改善，然而血红蛋白的全序列测定仍然是一项很大的挑战。英格拉姆决定转化策略，不对血红蛋白进行全序列测定，而是重点集中在鉴定两种血红蛋白的差异上。对 HBA 和 HBS 氨基酸组成分析未检测到明显差异（当时的测定水平根本无法从组成上鉴定出单一氨基酸差异），因此英格拉姆认为两者差异将非常小，决定将血红蛋白首先分解成中度大小的片段，再从中寻找差异。英格拉姆在借鉴桑格胰岛素测序成就的基础上，在许多方面进行了重大的改进。

桑格使用部分酸水解和胃蛋白酶降解相结合的方法将胰岛素首先水解为小的肽段，然后对这些肽段进行氨基酸组成分析和末端基团分析，最终将所有信息综合得出最后结果。但是桑格测定法的缺点是酸和胃蛋白酶的选择性差，对于小的蛋白质如胰岛素适用，然而对于大的血红蛋白却存在巨大困难，产生过多的小肽即使用当时分辨率最高的技术——纸层析都无法进行处理。英格拉姆修改了该方法，选择使用当时特异性最高的胰蛋白酶对血红蛋白进行水解，该酶只识别蛋白质中的精氨酸和赖氨酸两种残基，而根据氨基酸组成分析结果知道这两种氨基酸只含有 20 多个，因此最后估计得到大约 24 个肽段，事实也证实确实如此，从而解决了水解片段过多难以分析的难题。然而接下来面临着一个更大的难题，英格拉姆不打算对所有肽段进行测序，而只对两种血红蛋白存在差异的片段进行分析，问题是如何找到差异片段。

当时能够对蛋白质进行分离的技术有两种，电泳和纸层析。英格拉姆首先选择纸电泳分离两种形式的血红蛋白水解片段，结果却并未发现明显差异，随后又使用纸层析分析也未获得理想结果。这两种技术在当时是分辨率最高的方法，它们都无法分辨则意味着很难找到第三种可用的技术，然而英格拉姆敏锐的洞察力使这个问题得到了很好的解决。英格拉姆决定将电泳和层析两种方法联合使用，首先在 pH6.4 缓冲体系对血红蛋白水解片段进行纸电泳（第一向），完成后再在同一介质的垂直方向执行纸层析（第二向），最后通过茚三酮显色来观察分离得到的肽段，这可能是第一次采用双向法对蛋白质进行差异分析，并且获得了极为满意的结果。英格拉姆发现所得两个图谱整体形状几乎相同，唯一明显区别在 4 号肽段，接下来的测序只对 4 号肽段进行。

英格拉姆将 4 号多肽点单独洗涤并富集后进行序列分析,包括氨基酸组成分析、末段基团确定和 Edman 降解测序等,由于该肽段长度明显较短,因此很快就获得了结果。4 号肽段含有 8 个氨基酸(后来证明其位于血红蛋白 β 链 N 端),其中 7 个氨基酸在 HBA 和 HBS 中完全一致,仅第 6 个氨基酸存在差异,在 HBA 中为谷氨酸,而在 HBS 中却换成了缬氨酸。英格拉姆对这个结果感到十分惊奇,他不相信包含多达 300 个氨基酸残基的血红蛋白如此微小的差异能导致化学行为和生物学功能出现巨大改变,并且当时还未发现一种疾病是由于单氨基酸的变异而引起的。为了进一步证实这个结果,英格拉姆和同事随后又使用其他蛋白酶如胰蛋白酶和胰凝乳蛋白酶再次对两种血红蛋白进行水解,随后利用电泳和层析双向分离并对差异点进行分析,所有结果都显示除第 6 位谷氨酸外其他氨基酸未有任何差异。即使如此,英格拉姆仍对自己的结果存在一定怀疑,并且认为研究方法灵敏性可能还未达到要求,可能还存在其他氨基酸差异而未鉴定,一直到几年后 HBA 和 HBS 的全序列被完全测定,才证实英格拉姆当初发现的正确性。这个事实也充分说明科学大师在研究中的严谨态度。

1956 年和 1957 年,英格拉姆在《自然》上发表了两篇短文来阐述这个结果,说明 HBS 中由于单一氨基酸的替换而造成血红蛋白功能异常,因此现在一般将 1956 年认为是单氨基酸替换发现的年份。实际上英格拉姆这两篇论文只包含很少的实验细节,并且由于条件所限部分实验证据在解释上还存在错误,幸运的是英格拉姆很快意识到这些不足,随后又于 1958 年发表文章弥补了这些不足，并详细解释了血红蛋白氨基酸差异所导致的功能失常机制。首先中性的缬氨酸代替负电荷的谷氨酸使 HBS 的整体携带负电荷减少，这导致其电泳速度减慢，从而解释了鲍林当初的发现；这种氨基酸代替还导致脱氧状态下 HBS 容易聚集成长的纤维状结构，从而破坏了红细胞的柔韧性，细胞的脆性增加并出现镰刀状，最终溶血而导致贫血，这在分子水平上解释了镰刀型贫血的发生机理。

镰刀型贫血血红蛋白（HBS）单一氨基酸替换的发现在当时的历史条件下具有十分重要的意义，主要体现在以下几个方面。第一，它为 1942 年比德尔－塔特姆的"一个基因一个酶"提供了实验支持（镰刀型贫血基因突变导致了蛋白质的氨基酸替换），两位科学家于 1958 年分享了诺贝尔生理学或医学奖；第二，镰刀型贫血成为第一个被清晰阐明发生机理的人类疾病，并且由此得出遗传突变造成疾病发生的根本原理及分子病的深入人心推动了随后医学遗传学的发展，今天已有血友病和囊性纤维化等单基因疾病的发生原理被阐明；第三，镰刀型贫血发病机理的阐明也使该病的研究成为一种模式，随后的广泛研究为该病的诊断、预防和治疗提供了重要保证；第四，英格拉姆在研究 HBS 过程中还首次引入双向技术，制备了第一张蛋白质"指纹图谱"，该原理为随后的科学发展起到了巨大的推动作用，如亚纳夫斯基于 1964 年就是在该方法的基础上证实了"一个基因一条多肽链"，而疾病研究和蛋白质组计划中广泛应用的双向电泳思想源泉就来自此。

血红蛋白单氨基酸突变的发现被英格拉姆自认为是一个"意

外"。在 20 世纪 50 年代蛋白质分析技术还相当有限的情况下,能够从 300 多个氨基酸中找到一个发生改变的氨基酸真的有运气成分在其中。1958 年鲍林对英格拉姆的发现评价为:令人吃惊的是,血红蛋白结构中在 1 万多个原子中只有大约十几个原子的差别,然而就是这如此微小的差别却决定了人的命运。当然更重要的是英格拉姆缜密的科学思维和充满学术氛围的卡文迪许实验室,这才是英格拉姆真正成功的关键。

1958 年,英格拉姆再次来到美国,这次选择了马萨诸塞州的坎布里奇(著名大学麻省理工学院和哈佛大学的所在地),他最初打算在这里进行 1 年的休息旅游,然而这次旅行却改变了他的人生轨迹。英格拉姆回忆道,"在美国,分子生物学取得了很大的发展,与英国发生的非常不同",而英格拉姆认为这种环境更适合自己在科学方面的发展,尤其是麻省理工学院当时是分子生物学的中心之一。同一年,英格拉姆进入麻省理工学院,并在这里度过了他的后半生(在这里工作了 48 年之久)。

在麻省理工学院,英格拉姆获得了一份访问副教授的职位,最终于 1961 年成为教授。英格拉姆除了深入研究镰刀型贫血,还扩展了研究范围,将其他血红蛋白异常疾病作为新目标,特别是一些发病率高、血红蛋白电泳行为存在异常的疾病。由于英格拉姆在 HBS 研究方面坚实的基础,以及 50 年代末电泳、层析、蛋白质测序技术等都得到很大改进,蛋白质、多肽的分辨效果更为理想,因此为蛋白质化学的研究带来了一个春天,如抗体蛋白结构阐明、核糖核酸酶一级结构阐明、安芬森定则提出等,因此英格拉姆在血红蛋白研究方面又取得了一系列重大成果。

1958年，英格拉姆和第一个研究生亨特发现了另一种血红蛋白单氨基酸替换，这种蛋白被命名为 HBC，它的第6位谷氨酸变为了赖氨酸，结果血红蛋白功能异常同时伴随贫血的出现，该疾病在西非部分地区发生率较高。随后的实验证实这是由于基因的等位性引起，而英格拉姆首先通过蛋白研究发现了人类基因的等位性。英格拉姆通过对血红蛋白深入广泛的研究，发现了有超过200种的血红蛋白一级结构异常，从而导致电泳行为的改变，这些变异的血红蛋白大多数是单氨基酸替换，个别是多氨基酸变化，然而这些改变大多对血红蛋白的功能影响极小，对人体无害，只有很少氨基酸替换才造成功能异常而伴发疾病。对多种血红蛋白的一系列研究使英格拉姆发现了蛋白质的多态性，为核酸多态性的研究提供了大量的素材。

在蛋白质水平上的巨大成功使英格拉姆准备深入研究血红蛋白的特性。英格拉姆认为"镰刀型细胞的工作使我考虑分子遗传学在研究中的应用，例如（血红蛋白）变化的原因是什么"。英格拉姆随后的研究开始集中于遗传学方面，从而发现镰刀型贫血血红蛋白的单氨基酸替换是由于单碱基突变（CTT → CAT）所造成，从而使人们对镰刀型贫血的发生有了全面的认识。英格拉姆对血红蛋白的全面研究使他成为该领域的权威之一，于1963年出版了专著——《血红蛋白的遗传和进化》，全面详细阐述了人类大多数血红蛋白异常疾病的原因和分子机制。更为重要的是英格拉姆还使用血红蛋白研究了脊椎动物的演化史，尽管该项研究没有后来细胞色素c的成功,但毕竟做出了勇敢的尝试,有利于随后的科学发展。

1961年到1973年,英格拉姆与纽约哥伦比亚大学的马克合作进行血红蛋白的研究,因此每个月总有几天在纽约度过,这意味着英格拉姆需要在美国东海岸坎布里奇和纽约之间进行着频繁的变换。在此期间,英格拉姆研究了血红蛋白的胚胎学,并且分析了胎儿和成年人血红蛋白结构差异的原因,从而对血红蛋白的类型有了更全面的理解。英格拉姆还研究了其他类型的贫血,特别重大的一项成果是发现了地中海贫血存在两种类型,分别为 α- 地中海贫血和 β- 地中海贫血,这个发现对疾病的诊断和治疗具有重要意义。

英格拉姆在麻省理工学院的前20年重点研究了血红蛋白的结构和性质,这是由他的专业基础决定的,此外还可与当时热门的分子生物学相结合,如60年代tRNA成为新出现的重大中心问题之一,英格拉姆与同事研究了红细胞内的tRNA与发育的关系,但这些不是他们实验室研究的重要内容。

五、神经系统疾病的研究

20世纪80年代,英格拉姆的兴趣开始逐渐转移到神经科学方面,最后集中在早老性痴呆上。按照英格拉姆的说法,这次转变部分原因来自他与第二任妻子贝丝的一次交谈。贝丝是波士顿一家医院研究神经发育迟缓疾病如Down综合征的内科大夫助手,回家后总是谈及工作方面的事情,这使英格拉姆对这些神经退行性疾病有了初步的看法。英格拉姆结合自己研究镰刀型贫血方面的经验提出自己对 Down 综合征的看法，镰刀型贫血是一种遗传性突变，而 Down 综合征可能也具有这种特征，不同的是 Down 综合征可能由于某种特定神经纤维蛋白的遗传性突变而引起。这促使英格拉姆开始对 Down 综合征进行深入研究，而最终结果显示远没有想象中的简单。

尽管自己的预期失败，然而英格拉姆通过对早老性痴呆和 Down 综合征的研究使他对这个崭新的领域深深着迷。所有的 Down 综合征病人在 40 岁后都逐渐发展为早老性痴呆，这意味着两种疾病之间存在某种密切联系，如两种疾病大脑内 β- 淀粉样蛋白的含量都增加。在早老性痴呆中，大脑中正常产生的蛋白质在分泌到细胞外之前开始裂解为异常小肽，这些小肽中 β- 淀粉样蛋白会自我折叠、凝聚而沉淀，破坏了神经元的功能，同时造成该病出现斑块状结构。英格拉姆认为，这种结果在生理上具有破坏性，"快速的凝聚、其中的一些凝聚体对神经细胞具有毒性"。

然而肽裂解调节异常的发生原因现在尚不得而知，并且早老性痴呆确切的发病机制在科学界还存在很大的争论。英格拉姆相信，异常凝聚的蛋白质提供了一个与神经元相互作用的新表面，而他的研究也显示二者确实可以相互作用，并且造成神经元膜上钙通道的打开，引发钙离子流入，而这种具有信号传递作用的钙离子快速、失控的内流阻碍了神经元对其他刺激物反应的能力，最终使该神经元功能丧失。英格拉姆对早老性痴呆发病机理的阐述是当前最主要的论点之一，然而并非所有研究人员都同意他的观点。如部分科学家认为是错误折叠多肽和铜、锌等金属的相互作用产生了有毒的活性氧物质（ROS），而 ROS 才是真正的毒害之源，而英格拉姆则认为 ROS 的毒害作用是在钙离子内流之后产生的。

目前，大多数科学家都接受 β-淀粉样蛋白是造成许多神经退行性疾病发生的原因，因此英格拉姆实验室寻找可以阻止神经损伤和消除疾病的策略以能够缓解这类疾病的症状。为了实现这个目标，英格拉姆一方面开发了可结合异常聚集蛋白的诱导肽，以阻止错误折叠的产生；另一方面还通过高通量筛选，从 3000 多种化合物中寻找到一种小分子化合物 DAPH，DAPH 可以减少钙进入细胞，从而最终消除早老性痴呆错误折叠蛋白的聚集。通过这两个策略，为早老性痴呆的治疗提供了新的选择。接下来将进行这些药物的体内实验以验证该化合物的作用，尽管其确切疗效现在还无法判定，然而正如英格拉姆所评论的，"我非常高兴发现了这种极度可怕疾病的候选化合物"。

英格拉姆在早老性痴呆方面的研究也为相关疾病如 Huntington 舞蹈病和 Creutzfeldt-Jakob 疾病的治疗提供了新的视点。然而，作为蛋白质化学家的英格拉姆并没有满足于这个结果，他还需要知道这种分子的作用机理和详细过程，因此还需更广泛层面上对这些神经退行性疾病的发生和治疗进行深入研究。

英格拉姆除了在科学方面取得巨大成就，还在艺术方面拥有一定的天赋。其实早在儿童时期，英格拉姆就继承了父母在音乐方面的天赋，并向往将来能够献身艺术，然而 10 岁时在阅读完百科全书后，才改变了想法，希望将来成为一名化学家。英格拉姆还对摄影充满了激情，许多作品都具有很高的艺术价值。英格拉姆没有太多的时间来从事他喜欢的艺术，因为科学研究花费了他的大多数时间。1961年，英格拉姆获得伯克贝克学院的理学博士最高学位。对于这个学位，英格拉姆谦虚并且半开玩笑地认为，"这个学位的唯一好处是让我拥有穿上华丽学位礼服的权利"。

英格拉姆是一位真正的学者和教育家，他将大部分精力都奉献给了麻省理工的教育事业，除对教学本身充满极大的热情外，还对学生充满了深厚感情而全身心投入其中。英格拉姆在生物系完成科学研究和教学计划的同时，还积极参与学科的发展。1989年到1999年，英格拉姆担任生物系实验研究小组（ESG）组长，10年间，英格拉姆使ESG成为学生和教师员工教育革新的场所，并且他是教师中最早构思应用互联网于教学的革新派之一，为学校教育做出了巨大贡献。1996年到1999年及2005年，英格拉姆还担任学术执行委员会成员，为生物系整体实力的增加做出了重要贡献。

英格拉姆除关心学生的学习和科研外，还对学生的生活倾注了大量心血。1985年到2001年，英格拉姆和妻子贝丝担任Ashdown社区的舍监，负责管理学生的宿舍，不知疲倦地为居住在这里的学生服务。当学生在生活和学业上遇到困难时，英格拉姆都会给予他们极大的鼓励和支持，并且在毕业时和学生们一起庆祝，以怀念其间度过的幸福时光。英格拉姆送走了一批又一批的学生，同时又开始为新的学生服务，对于已经70岁高龄的老人而言，这可能是他晚年最大的快乐，而一个如此伟大的科学家能够十几年如一日地为学生服务在科学史上是非常罕见的。

英格拉姆夫妇的付出也赢得了巨大的回报，他们得到学生们极大的爱戴，一个曾经居住在这个社区的毕业学生为了表达对他们夫妇长期工作的感谢，将一颗 1981 年发现的小行星（编号 6285）以英格拉姆的名字命名。

英格拉姆被认为是一位新古典主义大师，他既可以在实验室游刃有余，又可以在音乐会上潇洒自如。英格拉姆具有令人吃惊的能力，既是一位著名的科学家、极优秀的教育家和艺术家，又是一位热情和充满同情心的普通人。

英格拉姆在一次不慎摔倒时受伤，而于 2006 年 8 月 17 日在波士顿去世，享年 82 岁。

六、重大影响

英格拉姆非常喜欢待在实验室，喜欢亲自动手实验，尽管后来年事已高，然而他仍然坚持不懈。这意味着在英格拉姆实验室工作的学生将获得他本人的指导，因此他的实验室也成为最受学生欢迎的实验室之一。

英格拉姆的科学贡献和成就得到科学界的广泛认可，他于 1970 年就当选为英国皇家学会外籍会员，后来还被选为美国科学院院士（2002 年）和美国艺术和科学院院士。1967 年，英格拉姆获得美国人类遗传学会授予的艾伦奖，1988 年成为麻省理工著名的威尔逊生物学讲座教授。英格拉姆是许多著名研究机构的成员，如美国化学协会、英国生物化学协会等。2005 年 5 月，英格拉姆成为美国科学院院刊的编辑委员会成员。

镰刀型贫血是由于血红蛋白单氨基酸替换，这成为分子生物学领域的经典发现之一，也是医学史上最重大的发现之一。麻省理工学院的生物学教授沃克认为，英格拉姆的发现绝对称得上分子生物学史上具有里程碑意义的发现之一。鲍林和英格拉姆在镰刀型贫血方面的研究工作使医学遗传学不再是传统形式的遗传学，而成为综合各学科的研究成果，应用多学科技术深入到基因和基因产物（酶、蛋白质）关系的研究，遗传病也从过去单纯的性状、症状观察发展到生化异常或生化表型诊断，在此基础上发展到今天的基因诊断。

目前，分子医学已成为生命科学和医学领域的热点之一，为阐明多种疾病的发生规律、机理从而最终为疾病的诊断、预防和治疗提供了巨大的帮助。英格拉姆的发现为分子医学的发展起到了巨大的推动作用，虽然英格拉姆最终未获得诺贝尔奖，然而已经达到诺贝尔奖级别，一方面确定了镰刀型贫血的发病机理是由于单个氨基酸替换，而重要的是发明了使用胰蛋白酶分析蛋白质的方法在生化上得到了广泛应用。英格拉姆不能获奖的一个重要原因是20世纪下半叶生命科学发展太迅速，诞生了太多的大师，而诺贝尔奖人数的限制必然使一部分卓越的科学家与此无缘。但镰刀型贫血由于是第一个被发现的蛋白质单一氨基酸替换导致的疾病，并且该发现推动了随后分子生物学领域的飞速发展，因此英格拉姆被科学界称为"分子医学之父"，以表达对他的崇高尊敬。

英格拉姆对科学的好奇和执着值得我们铭记，而沃克对英格拉姆的确切评价是，一个卓越的科学家，一位卓越的天才和一个绝对完美的人。国内全面介绍英格拉姆生平及科学贡献的文章很少，只提及 1956 年镰刀型贫血 HBS 单氨基酸替换的重要性，而本文对该发现的历史背景、发现过程及发现意义进行了全面的阐述，此外还介绍了英格拉姆的生活、科研和业余生活，以能够对第一种被理解发病机制的分子病——镰刀型贫血的研究过程有所了解，同时还对这位科学大师有一个全面的认识。

（作者：郭晓强）

特里弗斯

桀骜不驯的卓越进化理论家

罗伯特·特里弗斯

(Robert Trivers, 1943—)

1859年《物种起源》一书出版以后，达尔文的一般演化和共同祖先的思想很快就被人们接受了，而其学说的核心部分自然选择学说，直到大约80年后进化论的现代综合时期才被生物学界主流认可。现代综合运动把自然选择学说和孟德尔遗传学结合了起来，在自然选择的进化学说的基础上把生物学界统一了起来。

20世纪六七十年代是进化生物学的又一英雄时代，涌现出以英国进化生物学家汉密尔顿为首的一批优秀的进化理论家。他们提出了一系列新的进化思想，为生物及人类社会行为演化研究提供了理论工具。而美国进化生物学家罗伯特·特里弗斯正是这批进化理论家中的一位佼佼者。

一、生平述略

特里弗斯是一位有着传奇般人生经历的美籍犹太裔进化理论家。他在一个外交官家庭长大，兄弟姐妹七人，排行第二。12岁时特里弗斯就决定要成为一个科学家。起初他对天文学有兴趣，但不久之后就转向了数学。他1961年进入哈佛大学读书的时候本来学的是数学专业，但很快失去了对数学的兴趣。他感到自己对物理学缺乏直觉力，又不了解化学和生物学，于是就打算将来做一名律师，为弱势群体服务，向社会不公开战。但在美国的教育制度下，本科阶段没有法学教育。他就转学美国史，打算毕业后再攻读法学学位。随后特里弗斯心灵深处的科学家的一面又显现出来了——他感到，美国史知识里充斥着美国史学家的自我欺骗，他们不过是力图通过建构历史来证明美利坚民族是世界上最伟大的民族而已。

大学三年级时，特里弗斯旁听了一门哲学课，了解了著名哲学家维特根斯坦。接着就在其后的五周内陷入躁狂、兴奋状态，整夜阅读维特根斯坦的作品，并确信他是第一个真正理解了维特根斯坦思想的人。然后特里弗斯就精神崩溃，入院治疗了两个半月。按照著名科学哲学家和科学史家库恩的看法，与历史学者比起来，哲学学者和科学工作者更为相似，因为他们都关心何为对错。这样看来，特里弗斯一时着迷于哲学尚可理解。

特里弗斯本科快毕业时申请到两所大学的法学院继续学习，可惜都未能如愿以偿。1965 年毕业后不久他就在哈佛大学所在的剑桥镇找到了一份工作，公司给他分派的任务是为小学五年级学生撰写关于动物的小册子。他的生物学知识很少，以前从未上过生物学课程，就自学生物学。公司也雇佣生物学家德鲁里辅导他。特里弗斯逐渐找到对进化论的兴趣。在这个公司工作 3 年后，1968 年他就到哈佛跟随大名鼎鼎的进化生物学家迈尔攻读博士学位。必须承认，特里弗斯很幸运地碰到了一位不仅学识渊博而且对学生的学习、研究都能给予恰当而体贴的指导的好老师。例如，当时哈佛的遗传学课程偏向分子生物学方向，对进化生物学研究用处不太大。迈尔就力排众议，允许特里弗斯不选修遗传学课程，具有遗传学知识即可。事实上，迈尔安排特里弗斯阅读一些遗传学文献，两人定期在迈尔办公室讨论这些文献，以此让特里弗斯达到学业要求。

特里弗斯于 1973—1978 年在哈佛大学留校任教。他迄今的多数最重要的研究工作都是在哈佛读研究生和工作期间做出的。英国著名作家布朗曾经评论道："如果特里弗斯像某些人预料的那样死于 20 世纪 70 年代，他会成为 20 世纪科学界的一位伟大的传奇式英雄。"在哈佛期间，特里弗斯虽由助理教授升任副教授，但最终未能获得终身教职。特里弗斯暗示，这是由于著名进化生物学家路翁亭阻挠。路翁亭当时是哈佛组织与进化生物学系的系主任，反对用所谓社会生物学解释人类行为，曾向一帮学生贬称特里弗斯为"学术投机分子"。另一说是，特里弗斯任教期间也曾因躁狂抑郁症而精神崩溃，哈佛校方不能不有所顾忌。躁狂抑郁症困扰了特里弗斯一生。据他本人回忆，他一生中总计有一年多时间因为此疾病被警察或医院封闭起来。

特里弗斯离开哈佛后转赴加州大学圣克鲁兹分校工作，任生物学正教授。在加州大学期间，特里弗斯结识了左翼激进政党黑豹党创建人纽顿，与之成为好友，并曾加入黑豹党，也曾与纽顿合作发表论文，纽顿也是他的一个女儿的教父。他在加州大学工作了 16 年，后来由于某种未知原因，他称这 16 年是他人生中最大的错误。确实，在此期间，他的学术产出较少。1994 年特里弗斯转到罗格斯大学任教，任人类学和生物学教授，直至 2017 年夏退休，其间曾多次与个别同事或校方发生冲突，被禁止在 5 个月内进入校园或暂停教职。其中有一次是由于怀疑合作者窜改数据。特里弗斯 2008 年要求《自然》撤掉那篇 2005 年发表的基于此数据的论文，他是作者之一；经过多年不懈抗争，终于让《自然》于 2013 年满足了自己的心愿。特里弗斯的一生跌宕起伏，有如天马行空，所以也有人称之为"进化生物学独狼"。

特里弗斯的主要学术成果收录在他 2002 年出版的著作《自然选择和社会理论：罗伯特·特里弗斯选集》里。这里需要稍微注意一下的是，进化生物学家讲到的"社会"并不专指人类社会，往往指的是多个有机体相互影响的情况，这多个有机体就构成一个"社会"。

特里弗斯 2007 年因为"对社会演化、冲突与合作的分析"获得了克拉福德奖。诺贝尔奖不授予包括进化生物学在内的某些学科，克拉福德奖就是瑞典皇家科学院和克拉福德基金会为了弥补这个缺憾而设立的，有进化生物学和生态学的诺贝尔奖之称。由于这个奖项也颁给生物学以外的几个学科，生物学家每隔 3 或 4 年才有机会获奖。

二、哈佛岁月

20 世纪 70 年代在哈佛读书和工作期间，特里弗斯发表了 5 篇后来成为经典的重要学术论文，分别提出了互惠利他行为理论、亲代投资理论、特里弗斯－威拉德理论、亲子冲突理论，以关于社会昆虫（如蚂蚁、蜜蜂等过群居生活的昆虫）的数据来检验汉密尔顿的广义适合度理论。（此论文的意义相对较小，下面不作详细介绍。）这些论文体现了他迄今为止的主要学术成就。

特里弗斯自觉地把自己的作品看成达尔文主义和汉密尔顿理论

框架内的工作。像很多进化生物学家那样，他受汉密尔顿影响很大。他曾经回忆："我竭力模仿汉密尔顿的思维方式，尽管模仿得不好：只要可能，就下降到基因层次进行表述，这样就较为确定得到了正确的论点，并且如有可能就把论点量化。"

特里弗斯认为，他的主要学术思想可用于解释包括人类在内的各种各样的有机体的行为。确实，特里弗斯的一系列重要作品既对生物学家也对人文社会科学学者产生了非常广泛而深刻的影响。这从根本上应归功于其思想的原创性和穿透力，与其清晰、明快而活泼的语言风格也不无关系。

1. 互惠利他行为理论

所谓互惠利他行为，就是进化生物学文献里讲的狭义的合作行为，即对行动双方的繁衍都有利的行为。汉密尔顿和威斯特等人都曾指出，要在互惠合作行为与利他行为之间作出区分，"互惠利他行为"是不合适的用法，实质上就是互惠行为或合作行为。特里弗斯酝酿撰写关于互惠利他行为的论文时，汉密尔顿曾建议他更改论文题目，但他未听从。当然，名词上的分歧并不能降低互惠利他行为理论对互惠合作行为的实质上的解释能力。

特里弗斯举了三种互惠利他行为或称合作行为的例子。第一个例子是海洋里的清除共生现象。有些鱼类和虾专门充当"清洁工"，负责清洁其他一些鱼类身上的细菌、寄生虫和坏死的组织，并以这些东西为食物。被清洁者不会吃掉清洁工，甚至会主动张开嘴，让清洁工游入自己的口腔工作。清洁工通常在固定的地方提供"服务"，被清洁者倾向于让熟悉的清洁工做清洁工作。这种共生显然对双方都是利大于弊的。再一个例子是，若有天敌扑向一个鸟群，较早发现天敌的鸟会发出惊叫。鸟的惊鸣对它本身也是有利的。例如，若鸟发现外敌不发出惊叫，捕食者吃掉其他鸟后更有精力捕捉它，也更可能形成关于被捕食者的具体形象，等等，这些都于不发惊叫之鸟不利。第三个例子是人类社会里的合作行为，包括遇到灾难或危险时相互帮助，分享食物，等等。例如，在某一群体中所有人早晚都会遇到溺水的危险等假定条件下，如果每个人只要见到有人溺水都积极相救，那么每个人溺水死亡的概率都会降低很多。

按照互惠利他行为理论，不管行为者之间是否有亲属关系，在行为者之间存在持续交往的情况下，容易进化出普遍的互惠合作行为，因为合作行为给行为者生存、繁衍带来的好处大于招惹的代价。此时，请联想汉密尔顿法则 $rb-c>0$。r 指行动者与行动接受者之间的亲缘系数，b 指行动给行动接受者带来的繁衍上的好处，c 指行动给行动者的繁衍带来的成本。按照这个法则，如果某种社会行为符合 $rb-c>0$，那么这种行为将被自然所选择。而特里弗斯理论的主要意思是，在行为者之间没有亲缘关系的情况下（即 $rb=0$），由于合作行为对于行动者后代繁衍的净收益即"$-c$"大于 0，所以它们/他们之间的合作行为能演化出来从而普遍存在。简言之，互惠利他行为理论是汉密尔顿理论逻辑的扩展。

后来阿克塞罗德和汉密尔顿的工作的实质贡献就是借助于博弈论和数学从形式上再现了特里弗斯理论的思想。两人也把互惠利他行为理论与数学家发展出来的著名的囚徒困境模型联系起来。囚徒困境模型是博弈论的经典例子，其基本意思是：如果两个理性的个人之间只有一次博弈（交往），则双方不会相互合作。但按照互惠利他理论的思路，如果双方之间重复博弈，则双方都会与对方合作。简言之，互惠利他理论能深化我们对经典博弈论的认识。整个生命世界都广泛存在合作现象。在汉密尔顿和特里弗斯等先驱者之后，从进化的视角考察合作问题在自然科学和人文社会科学工作者中都逐渐蔚然成风，今天已经发展成为一个著名而庞大的研究领域。

2. 亲代投资理论

特里弗斯关于互惠利他的论文发表后，有一天在哈佛比较生物学博物馆碰到比他高两级的研究生格里尔。格里尔后来成为澳大利亚的一个著名生物学家。两人聊天时，特里弗斯告诉格里尔，以后要探讨亲代投资和性选择问题。格里尔说："不对，这不是做科学的方式。你应该就互惠利他行为做一两个实验，然后写一篇评论性文章，可能还要召开一次会议。这样说吧，你应该把这个领域变成你的地盘，占住这个地方。"但特里弗斯不愿故步自封，遂有后来的几篇经典论文问世。

所谓亲代投资，指的是父母对子女的任何投资或曰投入。这种投资有助于特定子女的生存和繁衍，但不利于父母投资于其他子女，因为投资给某个子女会导致对其他子女的投资减少。亲代投资包括用于生殖细胞存活的投资，也指有利于子女的其他任何投资，例如怀孕、哺乳、照料和保护子女等。对于包括人类在内的所有有性繁殖的物种而言，雌（女）性的生殖细胞都大于雄（男）性的生殖细胞，因而受孕时雄（男）性的投资小于雌（女）性。对于包括人类在内的大部分物种而言，受孕后雌（女）性对子代的投资也大于雄（男）性。

亲代投资理论有两项预测。其一，对子代投入较多的性别，择偶也更为挑剔，因为这也是更有利于自身的繁衍成功的。例如，若不挑剔，碰到不健康或不负责任的配偶，子代更可能夭折，自己的投入就"不划算"，自然选择过程就会偏爱择偶挑剔的行为。其二，对子代投入较少的性别，争夺配偶时则会更激烈，以此吸引择偶较为挑剔的异性。读者可以设想一下：假定在某个物种的早期，所有个体都没有上述行为特点；如果后来由于基因突变，少数个体的行为开始遵循亲代投资理论的逻辑；由于这样的行为有利于个体繁衍，经过长期演化之后，该物种绝大多数个体将具有最初因突变而来的一个或多个基因，使得它们的行为符合亲代投资理论。

这个理论是可以检验或证伪的。例如，如果能发现，在一个物种里，雄性对子代的投入较多，但雌性择偶更加挑剔，雄性之间更激烈地争夺配偶，就证伪了这个理论。当然，实际上来自经验世界的数据没有证伪这个理论。在个别物种里，雄性比雌性的投入多，结果两性差别也符合理论的预测，即雄性择偶更为挑剔，雌性争夺配偶更为激烈。在包括人类在内的大多数物种里，雌性都比雄性对子代的投资多，相应也能发现亲代投资理论所预测的两种两性差别。

在特里弗斯的论文发表之后，亲代投资和繁衍成功这两个术语逐渐成为进化生物学文献乃至于进化社会科学文献的常见词汇。但亲代投资理论的实质理论贡献在于，它是对达尔文性选择理论的一个重要拓展。达尔文也看到了两性不同的择偶倾向与激烈的择偶竞争这样的现象,并由此解释有机体性状的演化。而特里弗斯引入了亲代投资的概念来解释这相同的现象。他的理论引导研究者沿着两性有差别的亲代投资的思路考虑两性差别,往往能使研究者得到超出原论文的新的预见,或者用亲代投资理论把众多已知现象以简洁的方式重新组织起来。例如,在如人类这样的物种里,父亲对子代的投资对子代的生存和繁衍影响较大,按照亲代投资理论的思路,择偶时女性将比男性更看重对方是否有抱负、勤奋、能挣钱;而对世界各地文化的研究表明确实如此。亲代投资理论被很多生物学者和人文社会科学学者广泛应用于研究两性差别,大概是人文社科学者基于进化论研究男女两性差别的最重要的理论工具。

3. 特里弗斯－威拉德理论

特里弗斯－威拉德理论的更常见提法是"特里弗斯－威拉德假说"。鉴于此"假说"已经较为普遍地被进化生物学界认可,笔者仿照某些进化生物学家称之为"特里弗斯－威拉德理论"。

1970年,特里弗斯给哈佛一门关于灵长目动物行为的课程做助教;威拉德是数学系的研究生,选修了这门课。特里弗斯有一次在课堂上提到费雪性别比原理,即在某些条件下自然选择会导致出生性别比趋于 $1:1$。另一次特里弗斯提到女性的择偶倾向,即女性喜欢沿着社会经济地位阶梯向上寻找配偶;同时提到,这可能导致社会经济地位较高的女性和社会经济地位较低的男性找不到对象。威拉德就敏感地意识到,社会经济地位较高(较低)的父母会生下相对比例较高的男婴(女婴),因为这样的父母会留下较多的后代。

实际上到此为止，今天所谓的特里弗斯－威拉德理论的雏形已经出来了。当时特里弗斯鼓励威拉德发展这个想法，把它一般化，并给他介绍了两个文献。但是威拉德却止步不前了。这门课结束后特里弗斯就自己坐下来发展这个思想。特里弗斯写成的论文被《科学》杂志接受后，威拉德要求把自己列为第二作者，特里弗斯同意了——"幸亏他没要求成为第一作者！"由这个事例可以看出，在科学研究中，原创性思想是多么重要——论文完全是特里弗斯写出来的，而威拉德仅仅贡献了一个粗糙的思想。

特里弗斯－威拉德理论的推理建立在三个假定的基础上：A. 条件（例如以体重衡量）较好的雌性比条件较差的雌性更有能力生育、抚育幼崽，并且前者的幼崽在亲代投资期结束的时候也会更为健康、健壮。B. 动物幼崽的身体条件倾向于延续到成年期。C. 成年时条件的差别对雄性繁殖成功的影响大于对雌性繁殖成功的影响。即条件较好的雄性动物会排斥掉其他许多雄性的繁殖机会，获得比其他雄性更大的繁殖成功，而条件较好的雌性通过较好的子代投资能力只能获得繁殖成功上的适度提高。

如果一个种群或人口满足上述假定条件，可以想象，根据亲代投资期的条件调整性别比及对子女出生后的投资的一个或多个基因将会在该种群或人口中累积起来。总之，遵循自然选择的逻辑推理，不难得出特里弗斯－威拉德理论的两个预测：A. 条件较好的动物相对更容易生儿子，而条件较差的动物相对更容易生女儿。B. 条件较好的母亲倾向于在子女出生后投资于儿子，而条件较差的母亲更倾向于投资于女儿。

特里弗斯－威拉德理论按照身体条件区分动物。他们认为这个理论也适用于人类，但要按照社会经济地位区分人类。那么，依据这个理论，社会经济地位较高的母亲相对更容易生儿子，倾向于在子女出生后投资于儿子，社会经济地位较低的母亲则反之。

性分配理论或性别比理论是进化生物学的传统研究领域。达尔文对此作了初步探索，后来费雪和汉密尔顿都对此做出了重要贡献。（费雪被很多西方进化生物学家视为达尔文之后、汉密尔顿之前最伟大的进化生物学家。）著名进化生物学家弗兰克把特里弗斯－威拉德理论看作自费雪以来关于鸟类和哺乳动物的性别比理论的最重要的发展。

特里弗斯－威拉德理论吸引了许多生物学家和社会科学家去做相关的经验研究。根据生物学家卡梅伦的元分析，研究设计较好的哺乳动物性别比研究几乎普遍支持这个理论。至于我们人类，历史研究往往都支持这个理论。例如，人类学家发现，在18和19世纪的德国，下层农民要比上层农民更加重视抚育女儿。近年来，关于当代美国人口和湖南、河南农民的研究也都找到了支持该理论的证据。这是很有意思的。人们往往认为，东亚和南亚一些国家普遍存在着重男轻女的文化。而研究表明，如果说中国农民重男轻女的话，家境较好的农民更加可能如此。这似乎是偏离于人们的常识的。而现代科学的发展似乎在越来越远离所谓的常识。

4. 亲子冲突理论

按照亲子冲突理论，所谓亲子冲突，指的是在有性繁殖的物种中，特别是在人类社会里，父母和子女就父母对子女的资源投入应如何在子女中分配以及子女应该如何对待其他亲属等方面的分歧、冲突。冲突的原因则在于，虽然父母和子女有 50% 的基因是一样的，但仍有 50% 的差异，因此，对父母有利的，不一定对子女有利。

例如，哥哥 5 岁，弟弟 1 岁，父母会更偏爱照料弟弟。对父母而言，两个孩子是一样的，各自都有 50% 的基因跟自己一样，但小儿子因为幼小、脆弱，更易夭折，更需要照料，否则父母的适合度就更可能降低。对大儿子而言，其弟弟只有 50% 的基因与他一样，他则 100% 拥有自己的基因，他的价值是其弟弟的 2 倍。假设父母对哥哥或弟弟的特定照料为哥哥或弟弟带来的将来繁衍成功的功效各自可以以 2 表示。若父母只照料弟弟，弟弟的收益为 2；由于弟兄两个只有 50% 基因一样，哥哥的收益为 1；相对于父母只照料哥哥的情况，这时哥哥的收益较低（1∶2），因此哥哥往往会抱怨父母偏爱弟弟。

再如，一位母亲和自己的儿子之间的亲缘系数 r 是 0.5，和自己的亲侄子之间的亲缘系数为 0.25，儿子与侄子之间的亲缘系数为 0.125，母亲要比儿子更希望儿子无私帮助侄子（利他行为）。按照汉密尔顿不等式 $rb > c$ 或 $b > c/r$，从儿子的角度看，在 $b > 8c$ 的情况下，他将会对其表兄弟做出利他行为；但从母亲角度看，她愿意在 $b > 4c$ 的情况下对侄子做出利他行为，但她却希望，对儿子而言，只要 $b > 2c$，儿子就应对侄子做出利他行为（一个儿子有一半基因与自己相同，一个侄子有四分之一基因与自己相同，因而一个儿子相当于两个侄子）。父亲与其妻的侄子之间没有血缘关系，他不会希望儿子对那位侄子做出利他行为。当然，也许有人说，在人类当中，这种情况下父亲难道不是经常希望儿子做出"利他行为"吗？例如对方有困难时借钱给对方。在笔者看来，按照互惠利他行为理论的精神实质，此种情况下的所谓利他行为通常是互惠合作行为，因为寄望于将来的回报，或回避可能的报复，而不是损己利人的利他行为。再如，父母一般都希望子女选择一个能促进子女无私帮助亲属的配偶，因为能增进父母的广义适合度，但这么做不一定能增进子女的广义适合度，于是父母和子女在择偶上也会发生冲突。

在特里弗斯以前，汉密尔顿也曾探讨过亲子冲突问题，尽管仅仅是附带论及这个问题。在这些先驱者之后，亲子冲突已经成为进化生物学的一个重要研究领域。威斯特等三位牛津生物学家把亲子冲突视为在广义适合度理论基础上发展出来的最为成功的研究领域之一。尽管人文社科学者对亲子冲突理论的应用相对较少，但该理论的影响也呈不断扩大之势。

三、老骥伏枥

1. 自我欺骗的演化理论

特里弗斯在为道金斯《自私的基因》第一版（1976年）写的序言里就简略提出了自我欺骗演化的思想，以后又几经扩充、发展。他的自我欺骗理论比较完整、全面地体现在其2000年和2011年的作品里。

在特里弗斯看来，有机世界里比较普遍地存在着欺骗现象。例如，有的蝴蝶可以伪装成毒蛇的头，以吓退敌人；有些病毒可以伪装成宿主身体的某种成分，以躲避宿主免疫系统攻击。所谓自我欺骗，指的是有意无意地选择接受某些虚假信息而摒弃真实信息。特里弗斯认为，人类和许多动物中都比较普遍地存在着欺骗与自我欺骗。例如两只动物相互虚张声势，夸张地炫耀武力，可以看作欺骗对方，吓阻对手。如果假设两只动物格斗能力完全一样，一只动物意识到自己在摆姿态，就会主动退却，另一只动物则过于自信，换句话说更善于自我欺骗，就赢得了胜利。但特里弗斯主要分析的是人类社会里的自我欺骗。

特里弗斯的自我欺骗理论的基本论点是，人类所以演化出自我欺骗，是为了更好地欺骗他人。同时，进行自我欺骗有助于调整个人的身心以更好地面对未来。这些都是有助于个体的生存和繁衍的。比如，若一个人完全明白自己在欺骗他人，不会自我欺骗，一般情况下说话声调会变高，会快速眨眼睛，因此欺骗行为容易被识破。人们往往把稍微美化过的照片当作自己的真实形象，即人们心中的自我要比真实的自我更为漂亮，这就属于一种自我欺骗。人们也会有选择地忘却不好的往事，有意无意地把它当作虚假信息排斥掉。再如，美国人做过调查，发现80%的高中生认为自己的领导能力在平均水平以上，大学教授更糟——94%的大学教授认为自己的学术水平在中等以上。显然人们在主动排斥掉自己不愿意接受的信息而评价自己。

特里弗斯谈到了自我欺骗理论可以与神经生物学、免疫学及心理学等方面的研究结合起来。但或许更令人文社会科学学者感兴趣的是他关于自我欺骗与科学发展之间关系的看法。在特里弗斯看来，自然科学取得成功的一大因素在于建立了排斥自我欺骗的机制。受控实验就是一个典型例子。例如进行新药实验时，往往把患同一种疾病的实验对象分为对照组和实验组，对照组只用安慰剂，实验组则真的使用新药，过一段时间再看看新药到底有无用处。反之，一个或几个心情抑郁的人找到精神分析师或心理咨询师诊治，若症状缓解，精神分析师或心理咨询师也许会感叹："我是多么了不起啊，我用的理论多么了不起啊！"其实，如果病患事先找到一个没受过专门训练但热心助人、性格开朗的人求助，也可能达到同样效果。社会科学里很少有排除自我欺骗的机制，加上人类社会里广泛存在欺骗与自我欺骗，因此社会科学的发展就较为缓慢。同理，生物学里关于有机体社会行为的理论发展得也比较缓慢。文化人类学的传统研究方式是记录、考察异民族的生活，侧重于把异民族成员自己的陈述当作他们真实生活的反映。既然这些陈述往往是自我欺骗而不自知，特里弗斯认为，文化人类学在很多方面已经成为关于其他民族自我欺骗的学科。

2. 反对群体选择论

自然选择在什么层次发挥作用，是个体或分子、基因层次，还是群体层次？应该从哪个层次的选择入手考察生物进化？自达尔文以来，选择层次问题一直处于争议之中，今天仍是进化生物学和生物学哲学的热点问题。

美国进化生物学家威尔逊和哲学家索伯的多层次选择论大概是 20 世纪末以来学界提出的最著名的群体选择思想。在他们看来，自然选择发生在基因之间、同一群体的个体之间和同一种群内的各个群体之间，哪个层次的选择力量较强依具体情况而定；群体选择对于塑造人类行为尤为重要。

特里弗斯对群体选择论的看法集中体现在他对威尔逊和索伯思想的批评上。在特里弗斯看来，他们的书"是彻头彻尾令人失望之作"。他从实在论和工具论两个角度批评了群体选择思想。从实在论角度看，群体选择在多数物种、大部分时间内都是一种微弱的力量，不足以对生命演化造成重大影响。熟悉进化论史的读者应该明白，特里弗斯的同辈学者威廉斯和梅纳德-史密斯等人批评群体选择论时也主要采用实在论的论调。从工具论角度看，现代生物学忽视群体选择论的主要原因在于，群体选择论作为一种理论工具"缺乏成就"。在特里弗斯看来，能够由群体选择论加以解释的现象，通常都能由个体选择或基因选择来解释，在这种情况下是没有必要认真对待群体选择论的。

特里弗斯引用的一个例子涉及汉密尔顿的关于偏雌性别比的著名论文——汉密尔顿从个体选择和基因选择的角度，解释了在某些盛行兄弟姐妹近交的动物物种里，为何繁殖的女儿远远多于儿子。简单地讲，设想存在繁殖的儿子和女儿之比为 1:1 的一个动物物种，给定兄弟姐妹近交等条件；如果由于基因突变，哪怕仅仅导致极个别个体繁殖的女儿数量远远超过儿子，这样的个体将留下更多第三代后代，经过长期演化之后，该物种成员将主要或完全是当初发生了基因突变的个体的后代，由此该物种就会存在严重的偏雌性别比现象。群体选择论者的解释可能是：在该物种内部的各群体之间，有的群体存在偏雌性别比现象，有的则不存在；由于前者能繁殖更多后代，在后者这样的群体内部，儿子之间存在激烈的争夺配偶的竞争，等等，反而不利于后代繁殖，长期演化之后，如后者这样的群体所占比例就会降到微不足道甚至消失的地步。

特里弗斯认为，这一类强调群体之间有差别的生存和繁衍的群体选择论调并不算错，但不使用这类论调也能很好地解释生命现象；而且，这类群体选择的解释都是学界已知的，也没有带来什么新的洞见。特里弗斯没有很明确表达出的一层意思是：相对于群体选择论，个体选择和基因选择的视角才更有助于解决一个个问题（他给一个假想的访问者的一个建议：如果你对群体选择有兴趣，不要理会诸如群体选择的历史等大而无当的东西，而是深入各个个案，看看群体选择论能有什么样的解释力）。确实，特里弗斯提出的关于互惠利他、亲子冲突、性别比、自我欺骗等生命现象的一系列创见都是在个体选择和基因选择基础上做出的。特里弗斯从工具论角度对群体选择论的批评似乎是反群体选择论者的一个新动向。

3. 怎样做科学？

在其 2002 年出版的文集里，在每一篇论文的前面和后面，特里弗斯都做了一些与论文多少有关的评论。这些评论不仅有助于我们了解进化生物学史，而且对科学工作者如何做科学应该也有一定启发意义。

特里弗斯告诫读者，要想写出一篇经典论文，应该分五步走。由于特里弗斯主要是一个理论家，所以他的建议应当是主要对于理论论文写作而言的。第一步是选择一个重要论题。第二步要紧紧围绕论题持续做一些思考。在科学论文里，常见的做法包括对所研究的问题做一番文字说明，并评论以往的相关研究的不足之处。在特里弗斯看来，研究者在这些方面不应花太多精力，而应关注你要解决的问题。第三步是外推，即尝试把自己的思路应用于解释不同领域的现象。特里弗斯表示，他的办法跟生物学家通常采取的办法相反，他首先尝试用某一思想解释人类行为，然后再推之于其他物种，并争取解释尽可能多的物种和现象。另外，表达自己的论点时，应尽可能少地附加上该论点成立所需的假定条件。达尔文等人探讨合作的演化时，提到了不少假定条件，例如合作参与者应具有一定的智力水平。在特里弗斯看来，过多的假定条件限制了他们思想的一般性，使之只适用于人类。提出这些假定条件也没有必要，因为这些假定条件能轻易演化出来。第四步是以自己学科的语言用简洁而清晰的方式写作。特里弗斯认为，简洁、清晰的写作风格既便于读者阅读，也有利于作者，因为作者会被迫把自己的论题思考清楚。在第五步，要用文中形成的理论观点在论文末尾重新组织已有信息，即重新观照现实世界。在特里弗斯看来，这一步是非常重要的，因为它赋予了论文以生命，加深了我们对已知事实的理解。

特里弗斯认同著名物理学家费曼关于教学与研究能相互促进而不应分离的观点。依特里弗斯，表面上看来，把更多时间用于学术研究有助于学术产出，但事实上这却是一个陷阱。一个人总会有脑子里没有新想法的时候。这时，如果能有一个教学岗位，就可以专注于教学，教学就可能给他带来灵感。具体说来，其一，要为别的头脑准备材料，就需要把有关知识思考透彻。其二，教学时可得到来自学生的反馈，即便只是学生询问的一些天真的问题。这些都可能有助于研究者产生新的思想，促进下一步的研究工作。

特里弗斯在20世纪80年代后的重要工作还包括：与生物学家伯特合作撰写并出版《冲突中的基因》一书。汉密尔顿的广义适合度理论实质上把有机体个体的一个个基因看作试图在最大限度上复制自身的"行动者"。既然如此，各个基因之间就可能存在冲突。因此，20世纪60年代之后，进化生物学界里就逐渐形成了一个称为基因组内部冲突的新的研究领域。而伯特和特里弗斯的书就是对这个领域的经验研究工作的第一部综述性著作。

四、历史地位

正如美国生物学家阿尔科克所指出的那样，进化生物学基本上分为两部分：一类侧重于重建生物演化史，另一类则注重考查有机体性状由于自然选择－进化而引起的适应问题。前者主要指古生物学研究，后者主要指行为生态学和社会生物学。

在进化生物学里，"适应"指的是由于自然选择而引起的促进后代繁衍的性状。生物学文献也常常用这个词指称有机体性状由于自然选择而变得更能促进繁衍的过程。"社会生物学"指的是对有机体社会行为（即个体之间相互作用的行为）的生物学基础特别是进化上的基础的研究，生物学家往往认为这个词是包容于"行为生态学"（有时也称为"进化生态学"）之内的，即后者是更一般的术语。但是也有生物学家认为，可以把它们替换使用，"不必把它们分得很清"。经过20世纪七八十年代关于社会生物学的论战，"社会生物学"一词已经在很大程度上被污名化。因此，近年来很多西方学者为了避免争议，常常回避使用这个词，而倾向于使用行为生态学的提法。

在 20 世纪六七十年代，汉密尔顿、威廉斯、特里弗斯、普莱斯、梅纳德－史密斯、威尔逊、道金斯和亚历山大等优秀的进化生物学家风云际会，他们的研究工作为行为生态学和社会生物学奠定了理论基础，推动了这个新的研究领域的形成。他们的学术思想也渗透进医学和人文社科界，推动了进化医学和包括进化心理学、进化人类学、进化伦理学等分支在内的进化社会科学的兴起。在这些人里面，除了英年早逝的普莱斯以及道金斯和亚历山大，其他人都获得过著名的克拉福德奖。

汉密尔顿的广义适合度理论是行为生态学、社会生物学以及进化社会科学里的部分领域的最重要的理论基础。这个理论也被很多西方进化生物学家看作达尔文自然选择理论的现代版本。特里弗斯也是 20 世纪六七十年代进化生物学变革中涌现的最重要人物之一，他提出的互惠利他理论和亲代投资理论等一系列理论也为行为生态学、社会生物学和进化社会科学提供了极为重要的理论工具。

在进化生物学界之外，威尔逊博得了"社会生物学之父"的名号。这在很大程度上是因为威尔逊 1975 年出版了《社会生物学》一书，这部书影响极大。他博采众家之长，将来自方方面面的科学发现汇总到一个框架下，并用"社会生物学"一词统称这个领域。但我们能够看到，汉密尔顿和特里弗斯等人在《社会生物学》初版以前就提出了所谓社会生物学最重要的一些理论。不过，他们的作品主要发表在专业的科学期刊或书里，当时尚未引起社会大众及其他学科学者的广泛关注。

威尔逊主要是因为他与麦克阿瑟提出的岛屿生物地理理论而获得克拉福德奖的。岛屿生物地理理论讲的是，岛屿物种丰富程度跟其面积等因素有关。因而这个理论与进化论关系不大。当然，威尔逊在蚂蚁研究方面也做出了一流的工作。此外，在《社会生物学》等著作里，威尔逊把各方面的研究工作糅合起来，做到融会贯通而游刃有余。这自然也不是一般的科学工作者能做得到的。在进化论方面，威尔逊的主要贡献大概在文化演化和群体选择的思想等方面。但这些都不属于很有原创性的工作，因为在他之前其他进化生物学家就提出了这一类思想。事实上，我们细心一点就可注意到，除了媒体和其他学科学者，很少有西方进化生物学家把威尔逊当作所谓"社会生物学之父"。特里弗斯21世纪初曾经在哈佛访学，在一次课堂上，他告诉听众，威尔逊把自己打造成"（社会生物学）这个学科之父，其实他是这个学科的名字之父"。也正如美国生物学家哈根所指出的那样，"尽管 E. O. 威尔逊通常被看作社会生物学的创造者，但他对社会生物学理论发展起的作用不大。他的主要贡献是通过1975年出版了《社会生物学》一书……给这个领域起了个名字"。

其实，威尔逊本人在自传中也承认，"此后几十年来，一门可观的事业就这样建构在这一篇论文之上"，即汉密尔顿1964年的广义适合度理论论文是社会生物学的理论基础。在其2012年出版的著作里，威尔逊还是承认，广义适合度理论是40年里"高级社会行为演化的最终原因的标准解释"，是"社会演化的老范式"。在进化生物学里，最终原因指的是自然选择。威尔逊也承认，"1971 年到 1974 年这四个光灿的年头里，特里弗斯为社会生物学理论辟出一条崭新道路"。

法国早年著名物理学家和科学史家迪昂曾区分广博的心智和深刻的心智。广博的心智善于把纷繁复杂的事物统合起来，但拙于抽象、概括；深刻的心智则善于看穿现象背后的力量，但不太善于把众多要处理的纷繁对象串起来。在一流的进化生物学家里，如果说威尔逊（和道金斯）近于广博的心智，汉密尔顿和特里弗斯等人则近于深刻的心智。

哈佛生物人类学家德沃尔认为，体现了特里弗斯一生主要成就的文集《自然选择和社会理论》算得上《基因之土上的狭窄道路：汉密尔顿文集》的伴侣。考虑到汉密尔顿在进化论史上的崇高地位，这是很高的评价。美国动物行为学会前主席格瓦迪称，"他是这个世上我们所知的关于自然选择和社会行为的两三位最有创造性的思想家之一"。道金斯称之为"当今最有原创性的进化论思想家"。在汉密尔顿和普莱斯等人凋谢之后，这么说是算不得很过分的。威尔逊也曾经讲："特里弗斯是我们时代最有影响——也始终正确——的几个理论进化生物学家之一。"牛津生物学家威斯特称之为"自查尔斯·达尔文以来影响最大的进化生物学家之一"。美国著名心理学家和语言学家平克认为，特里弗斯是"西方思想史上伟大的思想家之一"。1999 年，美国的《时代》杂志把他评为 20 世纪 100 位最伟大的思想家和科学家之一。在笔者看来，以上评价总体上来说是恰当的。

（作者：罗力群）

参考资料

哈维　血液循环学说创立人

无

格雷　有神进化论者

[1] Browne, J. Charles Darwin: The Power of Place [M]. Princeton University Press, 2002.

[2] Endersby, J. Imperial Nature: Joseph Hooker and the Practices of Victorian Science [M]. The University of Chicago Press, 2008.

[3] Dupree, A. H. Asa Gray: American Botanist, Friend of Darwin [M]. The Johns Hopkins University Press, 1988.

[4] Daniels, G. H. American Science in the Age of Jackson [M]. Columbia University Press, 1968.

[5] Gray, A. Darwiniana: Essays and Reviews Pertaining to Darwinism [M]. D. Appleton and Company, 1889.

孟德尔　现代遗传学的奠基人

[1] R. C. Olby. Origins of Mendelism [M]. London, 1966.

[2] H. Iltis. Life of Mendel [M]. New York, 1966.

[3] 孟德尔. 植物杂交的试验 [M]. 吴仲贤译. 北京：科学出版社，1957.

[4] 斯多倍. 遗传学史 [M]. 赵寿元译. 上海：上海科学技术出版社，1981.

华莱士 达尔文的"骑士"

[1] Slotten, R. A. The Heretic in Darwin's Court: The Life of Alfred Russel Wallace [M]. Columbia University Press, 2004.

[2] Wallace, A. R. My Life: A Record of Events and Opinions [M]. Vol. I. Chapman & Hall LD., 1905.

[3] Bowler, P. J. The Non-Darwinian Revolution: Reinterpreting a Historical Myth [M]. The Johns Hopkins University Press, 1988.

[4] Brooks, J. L. Just Before The Origin: Alfred Russel Wallace's Theory of Evolution [M].Columbia University Press, 1984.

[5] Shermer, M. In Darwim's Shadow: The Life and Science of Alfred Russel Wallace-A Biographical Study on the Psychology of History [M]. Oxford University Press, 2002.

科赫 结核杆菌的发现者

[1] 托马斯·库恩. 科学革命的结构 [M]. 金吾伦、胡新和译. 北京：北京大学出版社，2004.

[2] Metchnikoff, E. The Founders of Modern Medicine: Pasteur, Koch, Lister [M]. New York: Walden Publications, 1939.

[3] Gradmann, C. Laboratory Disease: Robert Koch's Medical Bacteriology [M]. Baltimore: The Johns Hopkins University Press, 2009.

迈尔 达尔文的使徒

[1] Haffer, J. Ornithology, Evolution, and Philosophy: The Life and Science of Ernst Mayr 1904–2005 [M]. Springer, 2007.

[2] Mayr, E., Province, W. B. The Evolutionary Synthesis: Perspectives on the Unification of Biology[M]. Harvard University Press, 1998.
[3] Barrow, Mark V. A Passion for Birds: American Ornithology after Audubon[M]. Princeton Univ. Press, 1998.
[4] Mayr, E. Systematics and the Origin of Species, from the Viewpoint of a Zoologist[M]. Harvard Univ. Press, 1942.
[5] 恩斯特·迈尔. 生物学思想发展的历史[M]. 第2版, 涂长晟译. 成都: 四川教育出版社, 2010.
[6] 恩斯特·迈尔. 进化是什么[M]. 田洺译. 上海: 上海科学技术出版社, 2009.

英格拉姆　分子医学之父

[1] 祖述宪, 温亮. 上个千年医学的伟大成就[J]. 医学与哲学, 2001.
[2] 饶毅. 科学环境: 一个诞生了DNA模型和12个诺贝尔奖的实验室[J]. 科学对社会的影响, 2003.

特里弗斯　桀骜不驯的卓越进化理论家

[1] 迈尔. 生物学思想发展的历史[M]. 涂长晟等译. 成都: 四川教育出版社, 2010.
[2] 达尔文. 人类的由来及性选择[M]. 叶笃庄、杨习之译. 北京: 北京大学出版社, 2009.
[3] 威尔逊. 社会生物学: 新的综合[M]. 毛盛贤等译. 北京: 北京理工大学出版社, 2008.
[4] 威尔逊. 大自然的猎人: 生物学家威尔逊自传[M]. 杨玉龄译. 上海: 上海科学技术出版社, 2006.

人名对照表

（按外文姓氏的首字母排序）

A

阿贝——Ernst Abbe
阿加西——Louis Agassiz
阿尔科克——J. Alcock
亚历山大——R. Alexander
安里森——Tony Allison
安德雷德——E. N. da C. Andrade
安德鲁——Andrew
安妮——Annie
奥夫雷希特——E. Aufrecht
阿克塞罗德——R. Axelrod

B

贝利——Bailey
巴罗——Fred Barrow
贝茨——Henry Walter Bates
鲍姆加登——P. C. von Baumgarten
冯·包姆加特纳——Von Baumgartner
贝克——Lewis C. Beck
冯·贝林——Emil Adolf von Behring
贝拉米——Edward Bellamy

贝纳登——E. Beneden
边沁——George Bentham
伯兰迪尔——Jean Louis Berlandier
贝西——Charles E. Bessey
贝丝——Beth
比尔罗特——T. Billroth
布莱斯——Edwards Blyth
贝特森——W. Bottson
鲍维里——T. Boveri
皮特·鲍勒——Peter Bowler
布雷非德——O. Brefeld
布鲁斯特——David Brewster
布洛克——T. D. Brock
布朗——A. Brown
布丰——G. Buffon
伯特——A. Burt

C

康布——E. Cambau
卡梅伦——E. Z. Cameron
阿方索·德堪多——Alphonse de Candolle

卡斯特尔——William Castle
钱伯斯——Robert Chambers
查尔斯——Charles
科恩——F. Cohn
科恩海姆——J. F. Cohnheim
科伦斯——C. Correns
克鲁克斯——William Crookes
詹姆斯·克罗——James Franklin Crow
库纳特——Cuenot

D

达纳——Richard H. Dana
达尔文——Charles Robert Darwin
理查德·道金斯——Richard Dawkins
德沃尔——I. Devore
德弗里斯——De Vries
多普勒——Doppler
德朗古——M. Drancourt
德鲁里——W. Drury
杜博斯夫妇——R. Dubos and J. Dubos
迪昂——P. Duhem
邓恩——L. Dunn
杜普雷——Anderson Hunter Dupree

E

伊顿——Amos Eaton

埃尔利希——P. Ehrlich
恩格尔曼——George Engelmann
艾维德伯格
　　——Louis Cachand Ervendberg
冯·爱汀豪森——Von Ettinghausen

F

法布里斯——Fabrice
方妮——Fanny
芬德勒——Augustus Fendler
费曼——R. Feynman
费雪——R. A. Fisher
菲茨——Fitzer
福克——O. Focke
弗朗茨——F. Franz
福如顿——Joseph Fruton
道格拉斯·弗图伊玛
　　——Douglas Joel Futuyma

G

加夫基——G. Gaffky
高尔顿——Francis Galton
盖尔特纳——C. Gärtener
乔治——Henry George
戈斯——Goss
格瓦迪——P. A. Gowaty

格拉德曼——C. Gradmann
格里尔——A. Greer
凡尔纳·格兰特——Verne Grant
阿萨·格雷——Asa Gray
加特夫纽德——Herbert Gutfreund

H
哈德利——James Hadley
哈根——E. H. Hagen
哈勒纽斯——Jonas P. Halenius
霍尔——Spencer Hall
汉密尔顿——W. D. Hamilton
詹姆斯·汉肯——James Hanken
威廉·哈维——William Harvey
亨肯——H. Henking
亨勒——J. Henle
赫伯特——Herbert
赫里克——Herrick
霍夫曼——Hoffman
约瑟夫·胡克——Joseph D. Hooker
保罗·霍罗威兹——Paul Horowitz
洪堡——Alexander Von Humboldt
亨特——John Hunt
朱利安·赫胥黎
　　——Julian Sorell Huxley

I
伊尔蒂斯——H. Iltis
弗农·马丁·英格拉姆
　　——Vernon Martin Ingram
艾塔诺——Harvey Itano

J
詹姆斯——William James
卡尔·乔丹——Karl Jordan
安托万·裕苏
　　——Antoine Laurent de Jussieu

K
康德——Immanuel Kant
克拉塞——Klacel
克莱布斯——E. Klebs
克诺——R. Kner
奈特——T. Knight
罗伯特·科赫——Robert Koch
科尔鲁特——J. Köelreuter
库尼特兹——Moses Kunitz

L
雷奈克
　　——René Théophile Hyacinthe Laënnec

拉马克——Jean-Baptiste Lamarck
拉普拉斯——Pierre-Simon Laplace
路翁亭——R. Lewontin
林奈——Carl von Linné
李斯特——J. Lister
利兹纳——Liznar
吕夫勒——F. Loeffler
简·劳瑞——Jane Loring
查尔斯·赖尔——Charles Lyell

M

马赫——E. Mach
麦克米兰——Alexander Macmillan
马尔萨斯——Thomas Malthus
马克——Paul Marks
梅纳德·史密斯——J. Maynard-Smith
迈尔——E. Mayr
恩斯特·迈尔——Ernst Walter Mayr
奥托·迈尔——Otto Mayr
安顿·孟德尔——Anton Mendei
格里戈·约翰·孟德尔
　　——Gregor Johann Mendel
密尔——John Mill
米顿——William Mitten
莫罗——James Morrow
缪尔——John Muir

N

耐格里——C. Nägeli
纳帕——Napp
诺丹——C. Naudin
詹姆斯·尼尔——James Neel
纽顿——H. Neuton
耐塞尔——Nissel

O

奥勒西克——Olexik
奥斯登菲尔德——Ostenfeld
欧文——Richard Owen

P

潘恩——Thomas Paine
鲍林——Linus Pauling
佩里——Matthew Calbraith Perry
佩鲁兹——Max Perutz
平克——S. Pinker
爱德华·波尔顿——Edward Poulton
普莱斯——G. Price

Q

昆西——Josiah Quincy

R

劳恩基亚尔——Raunkiär
莱夏特——O. Reichardt
罗赛恩——Rosine
罗斯切尔德——Rothschild

S

萨洛蒙森——C. J. Salomonsen
施玛尔豪逊——Schmalhausen
施洛特——J. Schroeter
塞尔维特——Michael Servetus
玛格丽特·西蒙——Margarete Simon
乔治·盖劳德·辛普森
　　　　——George Gaylord Simpson
斯雷德——Henry Slade
索伯——E. Sober
斯宾塞——Herbert Spencer
斯普瑞格——Isaac Sprague
施特雷泽曼——Erwin Stresemann
斯蒂文斯——Samuel Stevens
施杜恩拜克——C. Stürenberg
萨顿——Sutton
斯韦登堡——Emanuel Swedenborg

T

塔佩纳——H. E. von Tappeiner

泰勒——A. Thaler
瑟伯——George Thurber
托利——John Torrey
特蕾西亚——Tresia
罗伯特·特里弗斯——Robert Trivers
丘尔玛克——E. Tschermak

U

翁格尔——F. Unger

V

安德烈·维萨里——Andreas Vesalius
维多利亚女王
　　　　——Queen Victoria (Alexandrina Victoria)
威尔曼——Jean Antoine Villemin
菲尔绍——R. Virchow

W

沃尔德耶——Waldeyer
沃克——Graham Walker
威廉·华莱士——William Wallace
华莱士——Alfred R. Wallace
魏格特——C. Weigert
魏斯曼——A. Weisman

魏斯曼——August Weismann

威尔伯福斯
　　——Bishop Samuel Wilberforce

威廉姆斯——S. Wells Williams

威拉德——D. Willard

威尔逊——D. S. Wilson

卡尔·乌斯——Carl R. Woese

赖特——Charles Wright

Z

齐默——Carl Zimmer

鲁道夫·齐默尔曼
　　——Rudolf Zimmermann